KB235034

밀의 사상과 토론의 자유

John Stuart Mill

자유론

밀의 사상과 토론의 자유

John Stuart Mill

이종훈 편역

이담 Books

일러두기

▶ 이 책은 밀이 1859년 발표한 『자유론』(*On Liberty*)에서 제1장 '서론'과 제2장 '사상과 토론의 자유'를 옮긴 것이다. 전체 다섯 장 가운데 두 장만 옮긴 것은 민주사회의 진정한 자유에 관한 그의 사상이 이 두 장 속에 간명하게 압축되어 있기 때문이다. 그래서 책의 제목을 『밀의 사상과 토론의 자유』로 붙였다.

▶ 번역의 텍스트는 *On Liberty*(The Univ. of Chicago, Encyclopaedia Britannica Inc. 1971)이다.

▶ 본문을 파악하는 데 도움이 될 사항과 인명 등은 간략하게 <역주>로 달았고, 저자의 주석은 <원주>로 표시했다.

▶ 원문에서 이탤릭체로 강조한 문구는 ' '로 표기했다.

▶ 중요한 의미가 있는 용어는 처음 나오는 경우에 ( ) 안에 원어를 병기했고, 번역어가 애매하게 전달될 수 있는 경우에는 한자를 병기했다.

▶ 너무 긴 문단의 경우 문단을 나누었고, 독자의 이해를 돕기 위해 또는 문맥의 흐름을 원활하게 하기 위해 간혹 꺾쇠괄호 [ ] 안에 필요한 문구를 삽입했다.

► 본문 각 단락 앞에는 전개되는 핵심내용을 정리했고, 뒤에는 읽고 난 후에 비판적으로 검토해볼 수 있도록 '생각해볼 거리'를, 본문 전체가 끝난 다음에는 종합적으로 적용해볼 수 있도록 '토론해볼 거리'를 첨부했다.

해설

1.

19세기 영국을 대표하는 철학자 존 스튜어트 밀(John Stuart Mill, 1806~1873)은 정규학교에서가 아니라 경제학자인 아버지 제임스 밀(James Mill)에게 3세 때부터 라틴어를 배우기 시작해 14세까지 그리스어뿐만 아니라 문학, 논리학, 역사, 수학, 경제학 등의 중요한 고전들을 엄격하고 체계적으로 공부하는 독특한 천재교육을 받았다. 그는 자연과학에 관한 책들뿐만 아니라 『돈키호테』(*Don Quixote*)나 『로빈슨 크루소』(*Robinson Crusoe*) 같은 대중소설도 즐겨 읽었다. 그리고 그가 받은 교육방식은 아침식사 전에 항상 함께 산책을 하면서 밀이 전날 읽은 책의 내용을 암기하도록 하고, 그 주제의 핵심을 주입시켜주는 것이 아니라 밀이 스스로 생각해 어느 정도 이해한 다음에 설명해주는 것이었다.

그 후 1년간 프랑스에서 생시몽(Saint-Simon)의 사회주의와 콩트(Auguste Comte)의 실증주의를 접하는 등 견문을 쌓았다. 17세에 아버지의 조수로 동인도회사에서 근무했고, 20세 무렵 인간이 행복하려면 엄격한 이성주의만으로는 부족하기 때문에 적절히 균형을 이룰 수 있는 섬세한 감성이 필요하다고 느껴서 음악, 시, 미술 등에 깊은 관심을 쏟았다. 또한 아버지의 친구로서 법학자이자 경제학자인 벤담(Jeremy Bentham)의 공리주의(功利主義)에 공감해 『판례의 합리적 근거』(*A Treatise on Judical Evidence*, 1925)의 저술에 참여하고 토론회를 결성해 왕성하게 보급했으며, 동인도회사가 해산될 때까지 30여 년간 근무하면서 틈틈이 철학·정치·경제 등 다양한 분야에 걸쳐 다수의 폭력에 대항할 수 있는 개인과 사회의 자유와 인권을 확보하기 위한 저술들을 발표했다. 그는 20세기 다양한 저술활동과 왕성한 사회운동을 펼쳤던 철학자 러셀(Bertrand Russell)의 대부였다.

밀은 20여 년간 사귀어왔던 친구가 죽자 그의 부인 해리엇 테일러(Harriet Taylor)와 1851년 결혼했는데, 그녀는 1857년 프랑스로 여행하던 중 갑자기 병에 걸려 사망한다. 그녀는 자유의 존엄성을 지키고 진리를 추구해갔던 자신의 사상들을 함께 검토하고 수정해 저술들로 발표했던 평생의 동료이자 동반자였다. 그는 동인도회사를 은퇴한 후 1865년 런던의 웨스트민스터 하원의원으로 당선되어 자신의 원칙에 따라 정치활동을 했으나, 재선에 실패한 뒤 정치계를 떠나 그녀가 묻힌 프랑스 아비뇽과 런던에서 반년씩 번갈아 살다가, 식물채집여행에서 얻은 풍토병에 걸려 죽어 그녀 곁에 나란히 묻혔다.

2.

밀은 벤담을 만나면서부터 아버지에게 받은 독특한 천재교육에서 벗어나 독자적 사상가로 발전해갔다.

벤담은 '최대다수의 최대행복(the greatest happiness of the greatest number)'과 '모든 사람은 하나로 취급되어야만 한다'는 원리에 입각해, 쾌락(pleasure) 자체가 곧 선(善)이며, 질적 차이는 없는 이 쾌락의 양(量)을 강도·계속성·확실성 등의 기준에 따라 과학적 방법으로 정확하게 계산할 수 있다는 공리주의(Utilitarianism)를 제시했다. 이것은 유용성(utility)의 원칙에 따라 최대의 쾌락을 산출하고, 그 결과를 자애(charity)의 원칙에 따라 가능한 한 많은 사람들에게 평등하게 배분하려는 사회적 쾌락주의이다.

하지만 이와 같은 주장이 쾌락의 양만 추구하는 '돼지의 철학'이라고 비난받자, 밀은 "만족한 돼지보다 불만족한 소크라테스가 낫다"며 벤담의 사상에서 쾌락에 질(質)적 요소를 추가하고, 인간의 행동에서 개인적 이기심 이외에 사회적 관습·명예욕·희생정신 등 도덕적 의무감을 부각시켜 보완했다. 즉, 언론 탄압과 선거권 제한에 봉기한 프랑스 7월혁명과 정신의 역사적 발전을 중시한 독일 이상주의(理想主義)에 깊은 영향을 받았다. 따라서 이성에 치우친 18세기 계몽주의(啓蒙主義)를 추구했던 벤담의 주장에는 감성적 정서가 없다고 비판하고, 콩트의 자연과학적 방법론을 사회학은 물론 철학과 심리학을 포함한 학문 일반에 적용해 낡은 도덕철학을 새로운 도덕과학으로 만들었다.

이러한 밀의 사상은 사회 전반을 효율적으로 개혁하고자 자연과학의 방법을 사회과학에 적용하고 경험적 사례들에서 일반적 법칙을 발견해내는 귀납논리를 정립한 『논리학 체계』(*A System of Logic*, 1843), 생산법칙과 분배법칙을 분리해 경제학을 사회과학으로 체계화하고 개인의 욕구와 다수의 행복을 대화와 타협으로 조정해 노동계급의 지위와 복리를 향상시킨 『정치경제학 원리』(*The Principles of Political Economy*, 1848), 개인의 자유와 사회의 권력 사이의 올바른 관계 속에 사상과 토론의 자유를 통해 민주사회의 기본원리를 확립한 『자유론』(1859), 공리주의에 질적 요소를 보완해 원숙한 윤리학으로 제시한 『공리주의』(*Utilitarianism*, 1863), 민주정부의 이상을 밝히고 대중정치의 문제점을 분석한 『대의제정부 고찰』(*Considerations on Representative Government*, 1863), 여성의 참정권을 통해 남녀평등을 구현하고 비례대표제 등 선거법을 개정해 개인의 자유와 기본권을 보장해야 한다는 『여성의 종속』(*The Subjection of Women*, 1869)으로 구체화되었다. 밀의 사상적 발전과 사회적 활동의 결과가 집약된 『자유론』은 오늘날에도 가장 영향력이 큰 그의 대표작이다. 『자서전』(*Autobiography of J. S. Mill*, 1873), 『종교 에세이』(*Three Essays on Religion*, 1874), 『사회주의론』(*Socialism*, 1879)은 그의 사후에 출간되었다.

3.

밀은 『자유론』 제1장 '서론'에서 이 책을 쓴 목적이 사회가 법률적 처벌이나 여론이라는 도덕적 강압으로 개인의 행동의 자유를 침해하는 것이 정당화될 수 있는 경우는 자신을 방어할 때뿐이라는 매우 단순한 원칙을 주장하려는 것이라고 명백히 밝히고 있다.

그에 따르면, 개인의 의지에 반해 권력이 정당하게 행사될 수 있는 것은 다른 사람에게 해악을 끼치는 것을 방지할 경우에만 적용될 뿐이며, 개인은 자신의 육체와 마음이나 정신에 대해 자신의 건강을 지키고 자신이 책임을 져야만 할 절대적으로 독립된 주인이다. 요컨대 사회가 '다수의 횡포'를 경계하지 않으면, 인간의 삶과 영혼 자체는 무엇이 참인지 스스로 생각하고 고민하지 않는 정신적 노예가 되기 때문이다.

양심의 자유, 사상과 감정의 자유, 다른 사람에게 해악을 끼치지 않은 한 기호(嗜好)를 즐기고 삶의 목적을 추구할 자유 그리고 서로 단결할 수 있는 결사(結社)의 자유, 이러한 자유가 전체적으로 존중되지 않는 사회는 어떤 통치형태이든 자유롭지 못하다. '자유'라는 이름에 합당한 유일한 자유는, 다른 사람의 행복을 빼앗으려고 하거나 행복을 얻으려는 다른 사람의 노력을 방해하지 않는 한, 자신의 방법으로 자신의 행복을 추구하는 자유이다. 인류는 다른 사람들에게 좋다고 여겨지는 방식으로 살도록 각자를 강제하기보다 자신에게 좋다고 여기는 방식으로 살도록 각자를 허용함으로써 더 많은 것을 얻기 때문이다.

또한 비록 한 사람을 제외한 인류 전체가 동일한 의견을 갖더라도, 그 한 사람이 만약 권력을 잡고 인류를 침묵시키는 것이 정당화되지 않듯이, 인류가 그 한 사람을 침묵시키는 것도 정당화될 수 없다. 어떤 의견을 거짓이라고 확신하기 때문에 그 의견을 듣는 것을 거부하는 사람은 자신의 확실성을 결코 오류가 없는 절대적 확실성으로 가정하기 때문이다.

어떤 의견이 표현되는 것을 침묵시키는 해악은 그 의견을 지지하는 사람뿐 아니라 반대하는 사람까지 포함한, 인류 전체의 기본권을 강탈하는 것이다. 만약 그 의견이 옳은 것이라면 인류는 오류를 진리로 대체할 기회를 빼앗기고, 만약 그 의견이 거짓된 것이라면 진리가 오류와 충돌함으로써 산출된 진리에 대한 보다 명백한 인식과 보다 생생한 인상을 상실하기 때문이다. 지성적 존재인 인간이 존경받을 유일한 원천은 오류를 교정할 수 있다는 사실에 있다. 이것은 인간이 미래를 향해 부단히 진보해갈 수 있는 도덕적 용기이다. 인간은 자신의 실수를 토론과 경험을 통해 정정할 수 있다. 하지만 경험만으로는 불가능하기 때문에 토론이 반드시 필요하다. 이러한 과정을 거친 판단만이 확실한 신뢰를 받을 수 있고, 그렇지 않은 판단보다 더 올바르다고 생각할 권리를 갖게 된다.

그런데 토론이 필요한 또 다른 이유도 있다. 진리라는 것은 스스로 생각하는 힘든 일을 겪지 않았기 때문에 단지 그것을 보유할 뿐인 사람의 '참된 의견들'보다, 적절하게 연구하고 준비해 스스로 생각하는 사람의 '오류'에 의해 더 많이 얻어질 수 있기 때문이다. 어떤 의견이 충분히 논의되지 않는다면, 비록 그것이 참이더라도, 살아 있는 진리가 아니라 죽은 독단일 뿐이다. 더욱이 상대방의 논거를 논박할 수 없거나 그 논거의 본질을 알지 못한다면, 어떤 의견도 선택할 근거를 갖지 못해 권위에 의해 인도되거나 자신이 가장 좋아한다고 느끼는 의견을 택할 수밖에 없다.

또한 토론이 없으면, 어떤 의견의 근거뿐만 아니라 그 의견 자체의 의미도 곧잘 망각되어, 판에 박힌 암기된 문구나 단지 형식으로 두껍게 뒤덮인 껍질과 화석으로 굳어진 잔해만 남고, 그 섬세한 본질은 상실된다. 그 결과 더 이상 의심하기를 멈춘 채 이미 결정된 의견 속에 깊이 잠들어 버리며, 자신의 의견에서 가장 취약한 부분을 보완해줄 수 있을 반대자의 의견을 듣지 못한다. 오류가 편견으로 굳어지고 진리 자체가 허위로 과장됨으로써 진리의 효과를 상실하게 되는 것은 바로 한쪽의 의견에만 주의를 기울일 때 일어난다. 진리는 진리의 모든 측면, 즉 진리의 어떤 단편을 구현하는 모든 의견이 대변자를 발견할 뿐만 아니라 경청될 수 있을 정도로 옹호되는 데 비례해서만 진리로서 인정되기 때문이다.

그래서 밀은 의견과 의견을 표현할 자유가 인류의 기본적인 정신적 복지에 필수적이라는 사실의 근거를 다음과 같이 든다.

(1) 침묵을 강요받는 어떤 의견이 참일지도 모르며, 이것을 부정하는 사람은 자신이 결코 오류가 없다고 근거 없이 가정하는 것이기 때문이며,

(2) 일반적으로 받아들여지는 의견이 반드시 전체적 진리

가 아니므로, 진리의 나머지는 오직 반대의견들과의 충돌에 의해 제공될 수 있기 때문이며,

(3) 일반적으로 받아들인 의견이 참이며 전체적 진리라도 활발하게 논쟁되지 않는다면, 사람들은 그 합리적 근거를 파악하지 못한 채 어떤 편견의 형태로 지지할 것이기 때문이며,

(4) 자유로운 토론이 없다면, 교리 자체의 생생한 의미는 상실되거나 약화되어 단순한 형식적 선언에 그치고 실질적이고 감동적인 확신은 생기지 않을 것이기 때문이다.

4.

밀은 건전한 상식을 존중하는 영국 경험론의 전통과 대화를 통해 타협을 모색해가는 영국 의회민주주의의 전통에 따라, 또 새로운 사상이나 반대자의 의견을 항상 경청하는 그의 열린 마음자세로, 일생을 통해 이성에 대한 신뢰를 바탕으로 진리를 추구하고 인간의 진정한 자유와 존엄성을 위해 용감히 싸워 나갔던 독창적 사상가였다. 특히 그는 여성에 대한 억압과 지배는 고대로부터 내려온 낡은 잔재이며 인류의 진정한 진보를 방해하는 그릇된 편견일 뿐이라고 완전한 평등을 강조한, 최초의 페미니즘 운동을 강력하게 전개한 남

성이다.

  그러나 그의 사상은 결코 극단적인 개인적 자유주의로 해석될 만큼 단순하지 않다. 왜냐하면 그가 노동계급의 지위 향상과 복리 증진을 주장하지만 지나친 자유방임과 횡포를 경계했고, 민주주의를 이상적 정부로 규정하지만 대중의 인기를 좇는 정부의 문제점을 지적했듯이, 부당한 권력과 권위에 대항해 개인의 자유를 옹호했지만 이것과 사회의 이익이나 정당한 통제를 어떠한 기준에 따라 어떻게 조화시킬 것인지 하는 문제를 부단히 모색해갔기 때문이다.

  밀은 이처럼 19세기 전반을 짓누른 어두운 정치적·사회적 상황 속에서 인류의 밝고 행복한 미래를 보장할 수 있는 조건과 제도를 확립할 기초로서 진정한 개인의 자유를 확보하기 위해 부단히 투쟁했다. 즉, 개인의 자유와 사회의 권력 사이에 올바른 관계를 모색하는 가운데 전통적 권위와 맹목적 관습을 타파해 새로운 삶의 창조를 요구하고 있었다. 이때 밀은 타인의 권리를 침해하지 않는 한 독자적 개성을 발전시킬 자유가 필수적이라고 주장하며, 지배적 세력을 지닌 여론이 개인의 사상을 표현할 자유를 억압하면 진리를 발견하기는커녕 인류의 어떤 진보도 전혀 기대할 수 없는 이유를 철저히 밝혀냄으로써 자유민주주의의 기본원리를 굳건히 수립했다.

　물론 그는 이러한 자유가 다른 사람의 보호가 필요한 미성년자나 능력이 성숙하지 못한 후진사회에는 적용될 수 없고, 야만인을 다스릴 경우, 이들을 진보시키려는 목적만 있다면, 독재도 정당화될 수 있다고 주장했다. 그러나 이와 같은 그의 주장은 자발적으로 진보해가는 길에서 초기단계에 겪게 되는 큰 어려움 때문에 달리 선택의 여지가 없는 실질적 여건을 고려해 단지 일시적인 편법으로 제시한 것일 뿐이다.

　어쨌든 사상과 토론의 진정한 자유를 역설한 밀의 사상은 합리적 대화와 비판적 토론으로 함께 문제를 찾고 해결하려는 문화의 중요성을 일깨워준다. 이것은 아집, 편견, 집단이기주의에 빠져 상대방을 꺾는 것만이 유일한 목적인 논쟁이 횡횡하고, 왜곡된 다수결의 원리를 앞세운 횡포로 소수의 기본적 권리조차 무시하는 우리의 어두운 현실에서 과연 바람직한 미래사회를 만들 수 있는 올바른 방법과 참된 태도가 무엇인지를 근본적으로 다시 생각해보게 만들어줄 뿐만 아니라, 그 첫걸음을 구체적으로 제시해주고 있다.

차례

제1장

서 론

어떤 개인이나 사회가 법률적 처벌이나 여론이라는 도덕적 강압으로 다른 사람의 행동의 자유를 침해하는 것이 정당화 되는 유일한 목적은 자신을 방어할 경우뿐이다.

개인의 의지에 반해 권력이 정당하게 행사될 수 있는 유일한 목적은 다른 사람에게 해악을 끼치는 것을 방지할 경우뿐이다.

개인은 자신의 육체와 정신에 대해 건강을 지키고 책임을 져야 할 절대적으로 독립된 주인이다.

사회가 다수의 횡포를 경계하지 않으면, 인간의 삶과 영혼 자체는 무엇이 참인지 스스로 생각하고 고민하지 않는 정신적 노예가 된다.

'자유'라는 이름에 합당한 유일한 자유는, 다른 사람의 행복을 빼앗으려고 하거나 행복을 얻으려는 다른 사람의 노력을 방해하지 않는 한, 자신의 방법으로 자신의 행복을 추구하는 자유이다.

말하는 자유와 글 쓰는 자유는 사상의 자유로부터 분리될 수 없다.

이 에세이의 주제는, 불행하게도 '철학적 필연론(doctrine of Philosophical Necessity)'이라고 잘못 불렀던 학설에 대립하는, 이른바 의지(Will)의 자유[1]를 다루는 것이 아니라, 시민의 자유 혹은 사회의 자유, 즉 사회가 개인에게 정당하게 행사할 수 있는 권력의 본성과 한계를 다루려는 것이다. 이 문제는 별로 제기되지 않았고 일반적으로 토의된 적도 거의 없었지만, 그 잠재적인 문제의식 때문에 현재의 실제적 논쟁들에 심대한 영향을 끼치고 있다. 그래서 이 문제는 곧바로 미래의 중대한 문제로 인식될 것이다. 어떤 의미에서 이 문제가 인류를 분열시킨 것은 최근이라기보다 거의 까마득한 옛날부터의 일이다. 하지만 인류 가운데 보다 문명화된 사람이 오늘날 누리기 시작한 진보의 단계에서 이 문제는 새로운 조건 아래 제기되고, 따라서 이전과 다른 형태로 보다 근본적으로 다루어질 것을 요구한다.

자유(Liberty)와 권위(Authority) 사이의 투쟁은 우리가 아주 오래전부터 친숙한 역사, 특히 그리스와 로마 그리

---

1) '필연(성)'은 자연의 법칙이나 논리의 법칙 또는 도덕률에 따라 언제나 예외 없이 요구되고 결정되는 것을 뜻하며, 이에 대립된 개념은 '우연(성)'이다. 그리고 이 우연(성)은 인간의 행위를 다루는 윤리의 영역에서는 의지의 자유로 표현된다. 그런데 의지의 자유는, 그 한계를 명확하게 규정할 수 있는 객관적 기준이 없지만, 소크라테스가 탈옥보다 죽음을 스스로 선택함으로써 제시한 올바른 삶의 길잡이로서, 아리스토텔레스 이래 전통적 윤리학의 근본문제이다.

밀이 60세인 1865년에 찍은 사진

고 영국의 역사에서 가장 두드러진 특징이다. 그런데 고
대에서 이 싸움은 백성 혹은 백성의 어떤 계급과 정부 사
이에 일어났다. 자유는 정치적 지배자(ruler)의 폭정(暴
政)에 대한 보호를 의미했다. 지배자들은 (그리스 민중정
부의 일부 지배자를 제외하고는) 그들이 지배하는 백성
과 필연적으로 적대적 입장을 취하는 것으로 간주되었다.
한 사람의 통치자 혹은 어떤 종족이나 신분이라는 지배

1873년 어떤 상류사회 잡지에 밀을 풍자한 삽화 「여성 같은 철학자(A Feminine Philosopher)」.

집단으로 구성된 그들은 자신의 권위를 세습이나 정복으로 획득했지, 어쨌든 피지배자의 뜻에 따라 유지했던 것이 아니다. 더구나 백성은 지배자의 통치권이 억압적으로 행사되는 데 경계했을지라도, 통치권에 과감히 맞서 싸우지 않았고, 아마 싸우려고 원하지도 않았을 것이다. [요컨대] 지배자의 권력은 필요한 것이지만, 또한 매우 위험한

밀과 헬렌 테일러(Helen Taylor). 헬렌은 밀과 재혼한 해리엇(Harriet Taylor)의 딸로, 해리엇이 죽은 뒤 15년 이상 밀의 공동연구자로 협력했다.

것으로 간주되었다. 왜냐하면 그 권력이 외부의 적에 대해서와 마찬가지로 백성 자신에게도 사용될 수 있는 무기였기 때문이다. 공동체의 나약한 구성원들이 수많은 독수리들의 먹이가 되는 것을 방지하기 위해 이 독수리들을 진압할 임무를 띤 맹금(猛禽), 즉 나머지 구성원들보다 훨씬 강한 맹금이 존재해야 할 필요가 있었다. 그러나 독수리들의 왕인 맹금도 새 모양을 한 소수의 괴물들에 못지않게 [나약한 새] 무리들을 잡아먹으려는 성향이 있으므로, 맹금의 부리와 발톱에 대해 끊임없이 방어의 태도를 취하는 것은 불가피한 일이었다.

그러므로 애국자들의 목표는 지배자가 공동체에 행사하게 되어 있는 권력에 제한을 가하는 것이었다. 그리고 이처럼 [권력을] 제한하는 것이 곧 그들이 의미했던 자유였다. 이 제한은 [다음과 같은] 두 가지 방식으로 시도되었다.

첫째 방식은 지배자가 정치적 자유나 권리라고 부르는 일정한 면책사항들을 승인하게 만드는 것인데, 이것을 침해할 경우 의무를 파기하는 것으로 간주되었고, 만약 침해했다면 특정한 저항이나 전면적인 반란이 정당화될 수 있도록 하는 것이었다.

둘째 방식은, 일반적으로 첫째 방식에 이어 강구된 수단인데, 공동체 혹은 그 이익을 대변한다고 추정되는 집단의 동의(同意)가 통치권력의 더 중요한 행위에 필요조건이 되도록 헌법으로 억제하는 장치를 확립하는 것이었다.

대부분 유럽국가의 지배권력은, 다소 차이가 있더라도, 이들 제한방식 가운데 첫째 방식을 감수하지 않을 수 없었다. 하지만 둘째 방식에서는 그러지 못했다. 그래서 둘째 방식을 달성하는 것, 혹은 이것을 어느 정도 달성한 경우 더욱 완벽하게 달성하는 것은 어디에서나 자유를 사랑하는 사람의 주된 목표였다. 그러나 외부의 적을 내부의 적[지배자]의 힘으로 싸우는 데 만족하고 또 지배자의 폭정에 대한 어느 정도 효과적인 억제장치가 보장되는 조건 아래 그의 지배를 받는 데 만족했기 때문에, 인류는 자신의 열망을 더 이상 관철시키지 않았다.

그런데 인간의 문제들(human affairs)이 진보되면서 통치자가 자신들에게 대립된 이해관계를 갖는 독립적 권력이어야 한다는 것을 자연의 필연(a necessity of nature)이라고 생각하지 않게 된 시대가 왔다. 이제 사람들은 다양한 국가의 행정관리들이 자신들의 뜻에 따라 바꿀 수 있는 소작인(小作人)이나 대리인(代理人)이어야 한다는 점을 더 적절하다고 여긴다. 이러한 방법을 통해서만 그들은 정부의 권력이 결코 자신들에게 불리하게 악용될 수 없을 정도로 완벽한 보장을 얻을 수 있다고 보았다. 선거로 임용되는 일정한 기간의 통치자를 뽑으려는 이 새로운 요구는 대중의 정당이 존재하는 모든 곳에서 점차 정당활동의 주된 목표가 되었다. 그래서 통치자의 권력을 제한하려는 이전의 노력을 상당히 대체시켰다. 지배권력을 피지배자가 주기적으로 행사하는 선택[선거]에서 발생하도록 만들려는 투쟁이 전개됨에 따라 어떤 사람들은 권력 자체를 제한하는 일에 너무 많은 중요성이 부여되어 왔다고 생각하기 시작했다.

권력의 제한을 중요시했던 것은, 그것이 상습적으로 국민의 관심[이익]과 대립되는 관심을 가진 지배자들에게 대항할 수단이었다는 '사실'을 뜻한다(아마 그럴 것이다). 이제 지배자들은 백성과 일체가 되어야 하고, 지배자들의 관심과 의지는 국민의 관심과 의지이어야만 한다고 요구되고 있다. [그래서] 국민은 자신의 의지를 보호받을 필요가 없었고, 자신들에게 폭압을 가할지도 몰라 두려워할 필요도 없었다. 지배자들이 국민의 의지에 대해 효과적으로 책임을 지게끔 만들고 국민의 의지로써 신속하게 해임될 수 있도록 하면, 국민은 스스로 그 사용범위를 지정한 권력을 지배자들에게 안심하고 맡길 수 있을 것이다. 지배자들의 권력은 행사하기 편리한 형태로 집중된 국민 자신의 권력에 불과했다. 이러한 사고의 양식(mode of thought) 혹은 오히려 감정의 양식(mode of feeling)은 유럽의 자유주의(liberalism)의 마지막 세대에게 공통된 것이었고, 유럽대륙의 지방에서는 지금도 명백히 압도적이다. 존재해서는 안 될 정부의 경우를 제외하고, 정부의 활동에 어떤 제한을 두는 것을 동의하는 사람들은 유럽대륙의 정치사상가들 가운데 예외적으로 눈에 띄는 훌륭한 인물들이다. 만약 이러한 감정을 일시적으로 권장했던 분위기가 변함없이 지속되었다면, 그와 유사한 감정의 풍조가 지금까지도 영국에서 우세했을 것이다.

그런데 사람들은 물론 정치나 철학의 이론은, 관찰되지 않아 은폐될지도 모를 실패의 결함과 약점을 잘 드러낸다. 민중의 정부가 단지 꿈을 꾼 것에 지나지 않거나 먼 과거에 존재했다고 [책에서] 읽을 수 있을 때, 백성이 스스로 자신의 권력을 제한할 필요가 없다는 생각은 자명한 공리(公理)로 보일지도 모른다. 이러한 생각은 프랑스 대혁명과 같은 일시적 난동으로도 반드시 동요되지는 않았다. 왜냐하면 프랑스 대혁명에서 벌어진 최악의 사태는 소수가 권력을 강탈한 것이었는데, 어쨌든 이것은 민중적 제도의 영속적 활동이 아니라 군주적이며 귀족적인 독재 군주에 대항한 돌발적이고 발작적인 폭동으로 빚어진 일이었기 때문이다.

어쨌든 그 후 얼마 지나지 않아 민주적 공화국이 세계의 상당한 부분을 차지하게 되었고, 국가공동체의 가장 강력한 구성부분 가운데 하나로 인식되게 되었다. 그래서 선거를 통해 책임을 지는 정부가 위대한 현존하는 사실[선거결과]에 수반하는 관찰과 비판의 대상이 되었다. 이제 '자치(self-government)'나 '스스로를 지배하는 민중의 권력'과 같은 문구는 사태의 진상을 표현하지 못한다는 점을 깨닫게 되었다. 권력을 행사하는 '민중(people)'은 권력의 지배를 받는 민중과 항상 동일하지 않다. 그리고 이른바 '자치(自治)'는 각자가 스스로를 지배하는 통치가 아니라, 각자를 다른 모든 사람이 지배하는 통치이다. 더구나 민중의 의지는 실제로 민중 가운데 가장 수가 많거나 가장 활동적인 '부류', 즉 다수자나 다수자로 인정받는 데 성공한 집단의 의지를 뜻한다. 따라서 민중은 [아마] 그 구성원의 일부를 억압하고자 원할'지도 모른다.' [그런데] 이러한 억압은 다른 권력남용 못지않게 경계할 필요가 있다. 그러므로 권력을 장악한 자가 공동체, 즉 그 가운데 가장 강력한 파벌에 정기적으로 책임을 지는 경우에도, 개인에 대한 통치권력의 제한은 여전히 중요한 문제이다. 이와 같은 견해는 사상가들의 지성(知性)에, 또한 민주주의와 상반된 실제적이거나 추정된 관심을 가진 유럽사회의 유력한 계급의 성향(性向)에 동일하게 받아들여졌기 때문에 별 어려움 없이 확립될 수 있었다. 그리고 정치적 견해에서 '다수의 횡포(tyranny of the majority)'[2]는 일반적으로 사회가 경계해야 할 악(惡)들 가운데 하나

---

2) 이 용어는 밀이 프랑스의 정치·역사학자이자 정치가인 토크빌(A. Tocqueville)의 『미국의 민주주의』(*De la Démocratie en Amérique*, 1835·1840)에서 인용한 것으로 알려져 있다.

가 되었다.

다른 폭압과 마찬가지로 다수의 횡포는 처음에는 주로 공공기관들의 행위를 통해 시행되는 것으로서 두려운 대상이었고, 통상적으로 지금도 여전히 그렇다. 그러나 사려 깊은 사람은 사회가 그 자체로 폭군일 때, 즉 사회가 구성원인 개인에 대해 집단적 폭군일 때 폭압의 수단이 정치적 공무원들의 손으로 이루어진 행위에 한정되는 것이 아니라는 사실을 깨달았다. 사회는 자신의 권한을 집행할 수 있고 또 실제로 집행한다. 그런데 만약 사회가 정당한 권한 대신 부당한 권한을 행사하거나 사회가 간섭해서는 안 될 사항에 어떤 권한을 행사한다면, 사회는 많은 종류의 정치적 탄압보다 더 강력한 사회적 폭압을 자행하는 것이다. 왜냐하면 사회적 폭압은, 통상적으로 정치적 탄압처럼 극단적인 처벌을 동반하지 않지만, 생활의 구석구석까지 깊이 파고들어가 인간의 영혼 자체를 노예로 만듦으로써 도피할 수 있는 수단을 거의 남겨놓지 않기 때문이다.

그러므로 행정관리의 폭압에 대한 보호만으로는 충분하지 않다. 따라서 사회의 주류(主流)와 다른 의견을 가진 사람들에게 사회의 사상(ideas)과 관행(practices)을 행위의 규범으로 강요하는 경향에 대해 유력한 여론과 감정의 폭압에 대한 보호, 형사처벌 이외의 수단으로 사회의 사상과 관행을 행위의 규범으로 강요하는 경향에 대한 보호가 필요하다. 왜냐하면 그러한 강요는 사회가 주도하는 방식과 조화를 이루지 못하는 어떤 개성의 발전도 저지하며, 가능하다면 이것의 형성도 방해해 모든 특성을 사회 자체가 설정한 모델에 맞추도록 강제하기 때문이다. [그리고] 집단의 여론(opinion)이 개인의 독립성에 정당하게 간섭하는 데에는 한계가 있다. 따라서 그 한계를 찾아내서 집단의 여론에 침해당하지 않도록 유지하는 것은, 정치적 독재에 대한 보호처럼, 인간이 생활하는 데 바람직한 조건에 필수 불가결하다.

그러나 이러한 제안이 일반적으로는 이론(異論)의 여지가 없는 것 같지만, 그 한계를 어디에 설정하고 개인의 독립(independence)과 사회의 통제(control)를 어떻게 적절히 조화시켜야 하는가 하는 실제적 문제는 거의 해결되지 않은 주제이다. 어떤 사람의 존재를 가치 있게 만드는 것은 모두 다른 사람의 행위들에 대한 제약을 강제하는 데 달려 있다. 따라서 행위의 어떤 규범(rules)은 우선 법(law)으로 부과되고, 법을 시행할 대상에 적합하지 않은 많은 사항은 여론으로 부과되어야 한다. 이 규범이 어떤 것이어야 하는가는 인간의 생활에서 중요한 문제이지만, 몇 가지 매우 명백한 경우를 제외하면, 해결책을 제시하는 데 거의 진전이 없었던 문제들 가운데 하나이다. 왜냐하면 어떤 두 시대도, 또한 거의 어떤 두 나라도 이 문제에 대해 유사한 결정을 내린 적이 없었기 때문이다. 어떤 시대 어떤 나라의 결정은 다른 시대 다른 나라에 기이한 것으로 여길 정도이다. 그렇지만 특정한 시대와 나라에 사는 사람들도, 마치 인류가 그 문제에 대해 항상 동의해왔던 것처럼, 그 문제에 포함된 어려움을 전혀 알아채지 못한다. [그래서] 그들 자신 속에 수행되는 규범은 그들에게는 자명하고 스스로를 정당화하는 것으로 보인다.

거의 보편적인 이와 같은 착각은 관습(custom)이 지닌 마술적 영향의 한 가지 사례이다. [본래] 관습은, 격언이 말하듯이, 제2의 본성(nature)일 뿐만 아니라 지속적으로 제1의 본성으로 오해되기도 한다. 관습의 효과는 인류가 스스로 부과하는 행위규범에 관한 의혹을 방지하는 데 더욱 완벽하다. 왜냐하면 관습의 문제는 어떤 사람이 다른 사람에게 혹은 각자가 스스로에게 왜 [그 관습이] 주어질 수밖에 없는지에 대한 이유를 밝히는 일이 일반적으로 필요하지 않다고 간주되는 주제이기 때문이다. 사람들은 이러한 종류의 주제에는 그들이 느끼는 감정(feelings)이 이유를 따지는 이성(reasons)보다 적합하므로 이성은 필요 없다고 믿는 데 익숙하고, 철학자를 자처하는 일부 사람들은 그와 같은 믿음을 권장해왔다.

이러한 믿음을 인간 행위의 규제에 관한 자신의 의견으로 이끈 실천적 원리는 각자의 정신 속에 가진 감정, 즉 모든 사람이 자신이나 자신이 공감하는 사람에게 다른 사람들이 행하기를 원하는 행동을 스스로 행동하도록 요구된다고 느끼는 감정이다. 실로 누구도 자신의 판단기준이 그의 기호(嗜好)일 뿐이라는 사실을 스스로 인정하지 않는다. 하지만 행위의 문제에서 어떤 의견은, 이성이 제시한 이유로 뒷받침되지 못하면, 단지 그의 선호(選好)로 간주될 수밖에 없다. 또한 만약 제시된 이유가 다른 사람이 느낀 유사한 선호에 단순히 호소한 것이라면, 그 의견은 여전히 한 사람이 아닌 많은 사람들의 기호일 뿐이다. 어쨌든 일상인에게는 이렇게 [이유가] 뒷받침된 자신의 선호가 그가 믿는 종교의 교리에 명백하게 제시되지 않은 도덕, 취미, 예의범절에 관한 그의 모든 관념을 설명해주는 완전히 만족할 만한 이유이며, 그가 일반적으로 가진 유일한 이유이다. 심지어 그가 선호하는 것은 자신이 믿는 종교의 교리를 해석하는 주요한 지침이다.

따라서 무엇이 찬양받을 만한 것이고 비난받아야 할 것인지에 관한 사람들의 견해는 다른 사람들의 행위에 관한 그들의 소망에 영향을 끼치는 다양한 모든 원인에 의해 좌우된다. 그리고 이 원인들은 다른 어떤 주제에 관한 그들의 소망을 결정짓는 원인들만큼이나 다양하다. [여기에는] 때로는 자신들의 이성 혹은 그들의 편견이나 미신, 종종 그들의 사회적 감정, 드물지 않게는 반(反)사회적 감정, 시기나 질투, 교만이나 경멸이 있다. 하지만 가장 일반적으로는 그들 자신을 위한 욕망이나 공포, 즉 그들 자신의 정당하거나 부당한 자기이익(self-interest)이 있다.

우세한 계급이 있는 어떤 나라에서도 그 나라 도덕의 많은 부분은 계급의 이익(class interests)과 계급의 우월성(class superiority)이라는 감정으로부터 나온다. 스파르타의 시민과 노예, [미국] 농장주와 흑인, 군주와 백성, 귀족과 평민, 남자와 여자 사이의 도덕은 대부분 이들 계급의 이익과 계급의 감정에서 발생한 산물이었다. 그리고 이렇게 조성된 감각(sentiments)은 다시 우세한 계급의 구성원들의 관계에서 그들의 도덕감정(moral feelings)에 서로 작용한다. 다른 한편 이전에 우세했던 계급이 그 우월성을 상실했거나 그 우월성이 인기를 잃은 곳에는 유력한 도덕감각은 흔히 우월성에 대한 참을 수 없는 혐오감의 인상을 지니게 된다.

행동과 자제(自制)에서 법률이나 여론으로 강화되었던

행위규범을 결정짓는 또 다른 대원칙은 그들의 세속적 지배자나 신들이 가진 것으로 추정되는 선호와 혐오에 대한 인류의 노예근성(奴隸根性)이었다. 이 노예근성은 본질적으로 이기적인 것(selfish)이지만, 결코 위선(僞善)은 아니다. 이 노예근성은 완벽하게 순수한 증오감을 불러일으키며, 마술사와 이단자를 화형에 처하게 만들기도 했다. 보다 기초적인 이 많은 영향력들 가운데 사회의 일반적이고 명백한 이익은 물론 도덕감각을 조성하는 방향으로 관여해왔고, 상당한 역할을 해왔다. 그러나 이성의 문제로서 또 사회의 이익 자체를 위해서라기보다는 사회의 이익에서 조성된 공감(共感)과 반감(反感)의 결과로서 관여해왔다. 그리고 사회의 이익과 거의 무관한 또는 전혀 무관한 공감과 반감도 사회의 이익 못지않게 아주 큰 힘을 행사해왔다.

따라서 사회나 사회의 일부 유력층(powerful portion)의 선호와 혐오는 법률이나 여론의 처벌 아래 일반적으로 준수되도록 세운 규범을 실제로 결정해왔던 주된 요인이다. 일반적으로 사상과 감정에서 사회의 선구자였던 사람들은, 비록 세부적인 문제에서 갈등을 겪었지만, 원칙적으로 이러한 문제들의 조건에 어떤 이의도 제기하지 않았다. [오히려] 그들은 사회의 선호와 혐오가 개인을 지배하는 법이 되어야만 하는지를 검토하기보다 사회가 어떤 것을 선호하거나 혐오해야 하는지를 탐구하는 데 전념해 왔다. 그들은 일반적으로 이단자와 함께 자유를 수호하기 위한 공동의 대의명분을 주장하기보다 그들 자신이 이단적 견해를 가졌던 특정한 문제들에 대한 인류의 감정을 변경시키려고 노력했다.

각기 고립된 개인이 아닌 집단이 더 높은 근거를 원칙에 따라 받아들이고 일관되게 유지한 유일한 사례는 종교적 신앙의 경우이다. 이 경우는 많은 점에서 교훈적인데, 이른바 도덕감(moral sense)으로 부르는 것이 오류를 범하기 쉽다는 사실을 가장 충격적으로 보여 준 사례라는 점에서 적어도 그렇다. 왜냐하면 독실한 맹신자들에서 '신학자들 사이의 적대감(odium theologicum)'은 도덕감정을 가장 명확하게 보여 준 사례이기 때문이다. 자칭 보편적 교회[로마 가톨릭교회]라고 불렀던 집단이 씌운 멍에를 최초로 타파한 사람3)도 일반적으로, 교회 자체와 마찬가지로, 종교적 견해의 차이를 거의 허용하지 않으려고 했다. 그러나 어느 편에 완전한 승리를 안겨주지 못한 채 분쟁의 열기가 식었을 때, 각 교회나 종파는 스스로 이미

---

3) 이 사람이 누구를 가리키는지 분명하지 않지만 이 책의 제2장에서 이와 같은 맥락 속에 상세하게 논의하고 있는 로마제국의 마르쿠스 아우렐리우스 황제일 것이다.

확보한 기반을 계속 유지하는 것으로만 희망을 축소해 제한했다. 다수파가 될 기회가 전혀 없다는 사실을 간파한 소수파는 자신이 개종시킬 수 없었던 사람들이 다른 종교를 믿을 수 있게 허용하도록 탄원할 수밖에 없었다. 따라서 사회에 대한 개인의 권리가 광범위한 원칙에 근거해 주장되었고 의견이 다른 사람들에게 권위를 행사하려는 사회의 요구가 공공연하게 논박되었던 것은 거의 유일하게 이 종교의 싸움터에서 일어났다.

[오늘날] 세계가 누리는 종교적 자유에 기여한 위대한 저술가들은 대부분 양심의 자유를 파기할 수 없는 권리(indefeasible right)로 주장했고, 개인이 자신의 종교적 신앙 때문에 다른 사람들에게 억압받는 것을 단연코 부정했다. 하지만 인류가 실제로 관심을 기울인 모든 일이 편협한 결과를 낳았던 것처럼, 신학적 논쟁 때문에 종교적 평화가 파괴되는 것을 싫어해 종교적 무관심이 심화되었던 곳을 제외하면, 종교적 자유는 실제로 어디에서도 실현된 적이 거의 없다. 가장 관용적인 나라에서조차 거의 모든 종교인의 정신 속에 관용(tolerance)의 의무는 암묵적으로 유보되는 조건부로 인정된다. 어떤 사람은 교회 행정에 관한 문제에는 반대의견을 용인하더라도, 교리에 관한 문제에는 그렇지 않을 것이다. [또] 어떤 사람은, 로

마 가톨릭교도나 유니테리언(Unitarian)4)이 아니면, 누구에게나 관용을 베풀 수 있다. 어떤 사람은 계시(啓示)종교를 믿는 모든 사람을 용인할 수 있다. 일부 사람은 자신의 자비를 좀 더 확장하지만, 어떤 유일신(a God)과 내세(來世)에 대한 믿음까지만 용인한다. [어쨌든] 다수(majority)의 감각이 여전히 순수하고 강렬한 곳은 어디에서나, 복종해야 할 자신의 요구를 거의 완화하지 않는다는 사실이 발견된다.

정치적 역사의 특수한 환경 때문에, 영국에서는 유럽 대부분의 다른 나라들보다 아마 여론의 구속력은 무겁고, 법률의 구속력은 가벼울 것이다. 그래서 입법부나 행정부의 권력이 개인적 행위에 직접 간섭하는 것을 상당히 경계한다. 이것은 개인의 독립성에 대한 정당한 존경이 아니라, 정부를 대중과 상반된 이익의 대표기관으로 간주한 낡은 관습에서 유래한다. [하지만] 다수는 정부의 권력을 자신의 권력으로, 또 정부의 의견을 자신의 의견으로 느끼는 것을 아직 배우지 않았다. 만약 다수가 이것을 배웠다면, 개인의 자유는, 이미 대중의 여론에 침해당했듯이, 아마 정부의 침해에도 노출되었을 것이다. 그러

---

4) 기독교 가운데 삼위일체(三位一體)와 예수의 신성(神性)을 부정하고, 개인의 신앙자유 및 종교에서 이성의 활용을 용인하는 교파의 신도를 뜻한다.

프랑스가 미국독립 1백 주년을 기념해 에펠(G. Eiffel)이 설계하고 바르톨디(F. A. Bartholdi)가 조각해 뉴욕의 허드슨 강 입구에 세운 「자유의 여신상」.
오른손에 햇불을, 왼손에 독립선언서(1776. 7. 4)를 들고 있는 이 여신상은 진정한 자유와 행복을 한껏 추구하는 아메리칸 드림 자체를 상징한다.

나 개인이 이제껏 법률에 의해 통제받는 데 익숙하지 않았기 때문에 개인들은 그들을 통제할 법률을 시행하려는 시도에 대항할 만반의 태세를 갖춘 감정이 아직까지는 있다.

그리고 이러한 감정은 문제된 사항이 법률적 통제의 정당한 영역 속에 있는지 아닌지를 거의 차별하지 않는다. 그래서 이러한 감정은 전체적으로는 매우 유익하지만, 구체적 사례에 적용될 때 아주 부당한 경우도 종종 있을 것이다. 사실 정부의 간섭이 정당한지 부당한지를 관례적으로나마 검사해본 어떤 공인된 원리도 없다. [오히려] 사람들은 자신들의 개인적 선호에 따라 결정한다. 어떤 사람들은 실행되어야 할 선(善)이나 교정되어야 할 악(惡)을 볼 때마다 정부가 자진해서 그 일을 떠맡아야 한다고 촉구할 것이다. 반면 어떤 사람들은 인간의 이익에서 정부의 통제에 순종할 분야를 늘리기보다 오히려 거의 모든 사회적 악을 감수하는 것을 선호한다.

그래서 사람들은 특수한 경우에, 자신들의 감정이 지닌 이러한 일반적 경향에 따라, 정부가 통제해야 하는 어떤 특수한 사안에서 자신들이 느끼는 이익의 정도에 따라, 또는 정부가 그 특수한 사안을 해야 하거나 하면 안 된다고 스스로 선호하는 신념에 따라, 이 두 가지 입장 가운데 하나를 취한다. 하지만 정부가 수행하기에 적합한 일이 무엇인지에 대해 사람들은 일관되게 어떤 의견의 입장을 취하는 경우는 거의 없다. 따라서 이처럼 규범이나 원칙이 없기 때문에 나는 현재의 어떤 입장도 마찬가지로 종종 잘못된 것으로 여긴다. [결국] 정부의 간섭은, 대략 동일하게 빈번히, 부적절하게 발동되고 강제된다.

이 에세이의 목적은, 그 수단이 법률적 처벌의 형태인 물리적 제재로 사용되든 공공의 여론이라는 도덕적 강압으로 사용되든, 사회가 강제와 통제의 방법으로 개인을 다루는 방식을 절대적으로 결정할 때 [염두에 두어야 할] 매우 단순한 하나의 원칙을 주장하려는 것이다. 그 원칙은 인류가 개인적으로나 집단적으로 그 구성원들 가운데 어떤 사람의 행동의 자유를 침해하는 것이 정당화되는 유일한 목적은 자기방어(self-protection)뿐이라는 것이다.

문명화된 사회의 어떤 구성원에게 그의 의지에 반해 권력이 정당하게 행사될 수 있는 유일한 목적은 다른 사람에게 해악을 끼치는 것을 방지하는 데 있다. 그 사람 자신의 행복은, 물리적이든 도덕적이든, [다른 사람의 행동의 자유를 침해할] 정당화된 충분한 근거가 아니다. 그렇게 하는 것이 자신에게 좋을 것이며 그것이 자신을 더 행복하게 만들 것이고 다른 사람의 의견으로는 그렇게 하는 것이 현명하거나 심지어 올바를 것이라는 이유로, 어떤 행동을 하거나 자제하도록 강제하는 것이 정당화될 수는 없다. 이러한 것들은 그 사람에게 충고하고 이해시키며 설득하고 간청하는 충분한 이유이지만, 그를 강제하거나 그가 달리 행할 경우 그에게 어떤 처벌을 가할 이유는 못 된다. 이것을 정당화하기 위해서는 제지해야만 할 그의 행위가 다른 사람에게 해악을 끼칠 것이라고 예측되어야만 한다. 어떤 사람의 행위 가운데 사회에 대해 책임져야 할 유일한 부분은 다른 사람들과 관련된 부분이다. 단지 자기 자신과 관련된 부분에서 그의 독립성은 당연히 절대적이다. 개인은 자기 자신에 대해, 즉 그 자신의 육체와 정신에 대해 주인(sovereign)이다.

이러한 이론이 정신적으로 성숙한 사람에게만 적용하려는 것은 아마 말할 필요조차 없을 것이다. 우리가 말하는 것은 어린이나 법률이 정한 성년의 나이에 이르지 못한 청소년이 아니다. 아직 다른 사람이 돌보아줄 필요가 있는 사람은 외부의 해악뿐만 아니라 그 자신의 행동에 대해서도 보호되어야만 한다. 이와 똑같은 이유로 우리는 인종 자체가 미성년의 단계로 간주될 수 있는 사회의 후진상태를 고려하지 않을 것이다.

자발적으로 진보해가는 길에서 초기단계에 겪는 어려

움이 매우 크기 때문에 이 어려움을 극복할 수단에는 별다른 선택이 거의 없다. 그래서 [나라를] 발전시키려는 정신이 충만한 지배자(ruler)는 다른 방식으로는 획득할 수 없는 목적을 위해 편법을 정당하게 사용할 수도 있다. 야만인을 다스릴 경우 독재는, 그 목적이 그들을 진보시키는 것이라면, 정당한 통치형태이며, 그 목적을 효과적으로 실현함으로써 정당화되는 수단이다. 인류가 자유롭고 대등한 토론에 의해 발전할 수 있기 전에, 하나의 원리로서 자유는 어떤 사태에도 적용되지 않았다. 그때까지는, 만약 인류가 아크바르(Akbar)[5]나 샤를마뉴(Charlemagne)[6]와 같은 사람을 다행히 발견한다면, 이들에게 무조건 복종하는 길밖에 없다. 그러나 인류가 자신의 확신이나 다른 사람의 설득으로 발전할 능력을 획득하자마자(우리가 여기에서 관심을 가질 필요가 있는 모든 나라는 이미 오래전에 이 단계에 도달했다), 직접적인 형태이든 불복종

---

5) 아크바르(1542~1605)는 인도 무굴제국의 황제로 많은 영토를 정복하면서 이슬람교를 중심으로 힌두교·불교·기독교 및 다양한 인종들을 포용했고, 거대하고 아름다운 아그라성(城)을 구축하는 등 많은 업적을 쌓았다.

6) 샤를마뉴(742~814)는 프랑크 왕국의 2대 왕으로 주변부족들의 독립성을 법률로 인정해 중앙집권국가의 기틀을 세웠고, 교회와 세속권력을 구분하고 동로마제국의 영향을 벗어난 그리스도교 수호자로서 서로마제국의 카를(Karl) 대제(大帝)가 되었다. 또한 로마 고전문화의 부활을 장려해 유럽 문화의 본격적인 발전을 다졌다.

에 대한 처벌과 고통의 형태이든, 강제는 그들 자신의 행복을 위한 수단으로 더 이상 허용될 수 없고, 따라서 다른 사람들의 안전을 위해서만 정당화될 수 있다.

공리(utility)와는 독립적인 추상적 권리(abstract right)라는 관념에서 나의 논의에 유리한 점을 도출할 수 있지만, 나는 이 이점을 이용하지 않겠다. 나는 공리(功利)를 모든 윤리적 문제에서 궁극적 판정자로 간주하지만, 이것은 진보적 존재인 인간의 항구적 이익에 근거한 가장 넓은 의미의 공리이어야만 한다. [따라서] 나는 개인의 행위가 다른 사람의 이익에 관련되는 한에서만, 그 항구적 이익에 의해 외부의 통제에 개인의 자발성이 종속되는 것을 정당화한다고 강력히 주장한다. 만약 어떤 사람이 다른 사람들에게 해로운 행위를 한다면, 법에 의해, 혹은 법률적 처벌이 안전하게 적용될 수 없는 곳에서는 일반적 [여론의] 비난에 의해 그를 처벌할 수 있는 '일단 증거가 명백한(prima facie)' 사건이다. 또한 다른 사람들의 이익을 위해 그가 정당하게 수행해야만 할 적극적 행위도 많이 있다. 가령 법정에서의 증언, 그가 보호받고 있는 사회의 이익에 필요한 국방이나 어떤 공동사업에 대한 공정한 의무분담, 동료의 생명을 구하고 무방비상태에 있는 약자를 학대로부터 보호하는 것 등 개인적 자선행위가 바로 그것이다.

인간의 분명한 의무인 개인적 자선행위의 실행은, 이것을 실행하지 않았을 때 그는 당연히 이에 대한 사회적 책임을 져야만 한다. 개인은 자신이 행동하거나 행동하지 않음으로써 다른 사람들에게 해를 끼칠 수 있는데, 어떤 경우든 그는 그 해악에 대해 당연히 다른 사람들에게 책임을 져야 한다. 물론 행동하지 않음으로써 해를 끼치는 후자(後者)는 행동함으로써 해를 끼치는 전자(前者)보다 강제력을 행사하는 데 훨씬 더 신중해야 한다. 그것은 어떤 사람이 다른 사람들에게 해를 끼친 것에 책임을 묻는 것은 원칙이며, 어떤 사람이 다른 사람들의 해악을 방지하지 못한 것에 책임을 묻는 것은, 상대적으로 말하면, 예외이기 때문이다.

그렇지만 이러한 예외를 충분히 정당화할 명백하고도 심각한 경우도 많이 있다. 개인은 대외관계에 관한 모든 사항에 이해관계를 갖는 모든 사람에 대해 '법률상(de jure)' 책임을 져야 하고, 필요하다면 그들의 보호자로서 사회에 책임을 져야 한다. [하지만] 그에게 책임을 부과하지 말아야 할 충분한 이유도 종종 있다. 그러나 이 이유는 특수한 경우의 편의(便宜)에서 성립되어야만 한다. 즉, 사회가 그를 통제하는 권력의 방식으로 그가 통제될 때보다 자신의 자유재량에 맡길 때 그가 전체적으로 더 나은 행동을 할 것 같은 경우나, 통제를 실시하려는 시도가 통제를 방지하려는 해악보다 더 큰 다른 해악을 만들어낼 수 있는 경우 때문에 성립되어야 한다. 이러한 이유가 책임을 강제하는 것을 배제할 때, 행위자 자신의 양심(良心)은 빈 법정에 들어가 자리를 잡고, 외부의 어떤 보호도 받지 못하는 다른 사람들의 이익을 보호해야만 한다. 이 경우 그는 동료들의 심판에 책임을 지지 않아도 되기 때문에, 그만큼 더 엄격하게 스스로를 심판해야 한다.7)

그러나 개인과 구별되는 것으로, 사회가 단지 간접적 이익만 갖는 행위의 영역도 있을 수 있다. 이 영역은 자신에게만 영향을 미치는 개인의 생활과 행위의 모든 부분을 포함하거나, 혹은 다른 사람들에게 영향을 끼친다면 자신의 자유롭고 자발적이며 현혹시키지 않고 동의에 의해 참여하는 경우만을 포함한다. 내가 '자신에게만'이라고 말할 때, 나는 '직접 그리고 우선'을 뜻한다. 왜냐하면 자신에게 영향을 미치는 모든 것은 그 자신을 통해 다른 사람들에게도 영향을 끼칠 수 있기 때문이다. 그리고 이러한 우연성(偶然性)에 근거할 수 있는 반론은 다음 장

---

7) 이러한 점은 배심원들이 판결하는 영미 계통의 사법제도에서 쉽게 이해할 수 있다.

(章)에서 고찰할 것이다.

따라서 인간이 지닌 자유의 고유한 영역은 다음과 같다.

첫째, 자유는 의식의 내면적 영역을 포함한다. 가장 포괄적인 의미로 양심(conscience)의 자유, 사상(thought)과 감정(feeling)의 자유를 요구하며, 과학·도덕·신학에서 실제적이거나 사변적인 모든 주제에 의견과 감각의 절대적 자유를 요구한다. 의견을 표현하고 출판할 자유는, 개인의 행동에서 다른 사람과 관련된 부분에 속하므로, 다른 원칙에 속한 것으로 보일지 모른다. 그러나 이것이 사상 자체의 자유 못지않게 중요할 뿐 아니라, 대부분 동일한 이유에 근거하므로 실제로 사상의 자유에서 분리될 수 없다.

둘째, 이 원칙은 기호(嗜好)를 즐기고 목적을 추구할 수 있는 자유를 요구한다. 비록 동료들이 우리의 행위를 어리석고 고집 세거나 잘못된 것으로 생각하더라도 우리가 그들에게 해악을 끼치지 않는 한, 그들의 방해를 받지 않고 우리 자신의 개성에 적합한 삶의 계획을 구상해가는 자유, 혹시 초래될지도 모를 결과를 감수하는 조건 아래 우리가 좋아하는 것을 행할 자유를 요구한다.

셋째, 각 개인의 이러한 자유로부터 동일한 한계 내에서 개인들 간에 결사(結社)의 자유가 당연히 생긴다. 이것은 다른 사람들에게 해악을 끼치지 않을 어떤 목적을 위해 단결할 수 있는 자유이다. 이 경우 단결하는 사람들은 추측하건대 강제되거나 현혹당하지 않는 성년일 것이다.

이러한 자유가 전체적으로 존중되지 않는 사회는 어떤 통치형태이든 자유롭지 못하고, 그러한 자유가 절대적으로 무조건적으로 존재하지 않는 사회는 완전히 자유롭지 못하다. '자유(freedom)'라는 이름에 합당한 유일한 자유는, 우리가 다른 사람들의 행복을 빼앗으려고 시도하거나 행복(good)을 얻으려는 다른 사람들의 노력을 방해하지 않는 한, 우리 자신의 방법으로 우리 자신의 행복을 추구하는 자유이다.8) 각자는 육체에서 '혹은' 마음이나 정신에서 자신의 건강을 지키는 고유한 보호자(proper guardian)이기 때문이다. 인류는 다른 사람들에게 좋다고 여겨지는 방식으로 살도록 각자를 강제하기보다 자신에게 좋다고 여겨지는 방식으로 살도록 각자를 허용함으로써 더 많은 것을 얻게 된다.

비록 이와 같은 이론이 새로운 것은 아니며 어떤 사람들에게는 진부한 주장처럼 보이더라도, 이것만큼 현재의

---

8) 인간의 자유에 대한 밀의 이러한 정의는 어떤 억압으로부터 해방된다는 소극적인 의미의 자유(freedom from)에서 더 나아가 주체적 인간이 자신의 행복을 마음껏 추구하고 자아를 최대한 실현해가는 적극적인 의미의 자유(freedom to)를 향한 확고한 발판을 마련한다.

여론과 관행의 일반적 경향에 직접 대항하는 이론은 없
다. 사회는 (지적 능력에 따라) 사회적으로 설정된 개인
적 우월성과 사회적 우월성이라는 관념에 사람들이 순응
하도록 강제하려고 많은 노력을 기울여왔다. 고대의 공화
국들은 국가가 시민 각자의 육체적 훈련과 정신적 훈련
전체에 깊은 관심을 가졌다는 데 근거해 개인적 행위의
모든 부분을 공공의 권리로 규제할 수 있는 권한을 가졌
다고 스스로 생각했고, 고대의 철학자들9)도 이러한 생각
을 지지했다. 이러한 유형의 사고는, 강력한 적들에 둘러
싸여 외침이나 내란으로 전복될 위험이 끊임없어서, 아주
짧은 기간이라도 지도력과 자제(self-command)가 느슨해
지면 손쉽게 치명적인 타격을 받기 때문에 유익하고 항
구적인 자유의 효과를 기다릴 수도 없을 만큼 작은 공화
국에서는 허용될 수 있었을 것이다.

[하지만] 근대세계에서는 정치공동체의 규모가 더욱 커
지고, 무엇보다 정신적 권위[종교]와 세속적 권위[정치]가
분리되어(그래서 인간의 양심을 지도하는 일은 세속적인

---

9) 이들 가운데 플라톤이 가장 대표적이다. 그는 『국가』(*Republic*)에서
통치자는 '지혜', 수호자는 '용기', 생산자는 '절제'로 각자 자신이 맡
은 일에 충실함으로써 전체적으로 조화와 균형을 이루는 것이 국가의
'정의'이며(4주덕), 이것을 실현하는 데 무엇보다도 통치자의 기능이
중요하기 때문에 국가 전체에 관한 일들을 올바로 아는 사람들(세습
적 귀족이 아니라 정신적 귀족)이 국가를 통치해야 발전한다는 철인
(哲人)정치를 역설했다.

일을 통제하던 사람으로부터 다른 사람에게 맡겨졌다),
개인의 삶에서 상세한 부분을 법률로 크게 간섭할 수 없
게 되었다. 그러나 도덕적 억제장치는 지배적인 여론으로
부터 벗어난 것에 대해 사회의 문제보다 개인 자신과 관
련된 문제에 더 격렬하게 억제력을 행사해왔다. 왜냐하면
도덕감정의 형성에 가장 강력한 요소인 종교가 대개 인
간 행위의 각 부분을 통제하려는 성직자 정치(hierarchy)
의 야심이나 청교도 정신(Puritanism)에 의해 거의 항상
지배되었기 때문이다. 또한 과거의 종교에 대해 가장 강
경하게 대립했던 근대의 일부 종교개혁가들은 인간의 영
혼을 지배할 수 있다는 권리를 주장한 점에서 어떤 교회
나 종파에도 전혀 뒤지지 않는다. 특히 콩트(A. Comte)[10]
가 『실증적 정치학 체계』(*Système de Politique Positive*)
에서 전개한 사회체계는 고대 철학자 가운데 가장 엄격
한 규율파(disciplinarian)[11]의 정치적 이상(理想)에서나

---

10) 콩트(1798~1857)는 프랑스 대혁명 이후 도덕적 무정부상태에 빠진
    사회를 실증과학으로 개혁하고자 했다. 그에 의하면, 학문은 신학적
    가정단계(유년기)와 형이상학적 추상단계(청년기)를 거쳐 절대적 인
    식을 포기하고 관찰과 실험을 통한 상대적 인식에 만족하는 과학적
    실증단계(성년기)로 발전한다. 그의 실증적 사회학은 현상의 원인
    추구보다 그 특정한 관계들의 발견을 중시해 역사철학과 문화인류
    학에 크게 기여했다.

11) 이 규율파(規律派)가 무엇을 지칭하는지 분명하지 않지만, 피타고라
    스(Pythagoras)의 사상을 이어받은 신파(新派) 가운데 영혼은 불멸
    한다는 윤회(輪廻)사상에 입각해 공동체 생활을 하면서 철학과 수학

찾아볼 수 있는 것보다 (비록 법률보다 도덕의 장치에 의한 것이지만) 더욱 개인에 대한 사회의 독재를 확립하는 데 목표를 두었다.

개인적 사상가의 독특한 신조(tenets)는 제외하더라도, 개인에 대한 사회의 권력을 여론의 힘이나 심지어 법률의 힘까지 빌려 부당하게 확장하려는 경향이 세계 전체에 퍼져 있다. 그리고 세계에서 일어난 모든 변화의 경향이 사회를 강화하고 개인의 힘을 감소시키는 데 있기 때문에, 이와 같은 침해는 자연스럽고 쉽게 소멸되지 않고, 반대로 더욱 가공할 만한 것으로 성장할 해악들 가운데 하나이다. [어쨌든] 지배자이든 동료시민이든, 인류에게는 자신의 의견이나 취향을 다른 사람들에게 행위의 규범으로 강요하려는 성향이 있다. 이러한 성향은 인간의 본성에 당연히 따르는 가장 좋거나 나쁜 감정의 일부에 의해 매우 강력하게 지지를 받기 때문에, 권력을 몰수하는 것 이외에는 억제할 방법이 거의 없다. 그런데 권력이 쇠퇴하기는커녕 오히려 증대하고 있기 때문에, 만약 도덕적 확신이 이 해악에 대해 강력한 보루(堡壘)를 구축할

을 통해 영혼을 정화하고, 음악의 화음과 법칙을 연습해 삶을 조화시키며, 정신이 육체를 단련하는 체조 그리고 콩과 육류를 절대 먹지 말라는 금식, 침묵과 명상 등의 계율을 엄수했던 종교적 학파(Pythagoristai)를 대표적인 예로 들 수 있다.

수 없다면, 우리는 세계의 현재 상황에서 그 해악이 증대하는 것을 목격하게 될 것이라고 예측하지 않을 수 없다.

곧바로 일반론에 들어가는 대신, 여기에서 진술한 원칙이 비록 충분치 않더라도, 어쨌든 현재의 여론이 어느 정도 인정하는 분야에 우선 한정해 다루는 것이 논의를 전개하는 데 편리할 것이다. 그 분야는 곧 사상의 자유이다. 이와 같은 계통인 말하는 자유와 글 쓰는 자유는 사상의 자유로부터 분리될 수 없다. 이 자유들이 종교적 관용과 자유로운 제도를 공언하는 모든 국가의 정치적 도덕성(political morality)의 상당부분을 형성하지만, 이 자유들이 기초하는 철학적이면서도 실제적인 근거는 아마 일반인의 심정에 친숙하지 않거나, 여론을 주도하는 많은 사람들에게도 예상될 수 있듯이 철저하게 인식되고 있지는 않다. 이 근거는, 올바로 이해해 보면, 그 주제[일반론]의 한 분야뿐만 아니라 보다 광범위하게 적용되고, 문제의 이 부분에 대한 철저한 고찰은 나머지 부분들에 대한 최상의 길잡이라는 점이 밝혀질 것이다.

그러므로 내가 이제 말하려는 것을 전혀 새롭게 느끼지 않는 사람들은, 이제껏 3백 년간 그토록 자주 논의되어 왔던 주제에 관해 내가 논의를 하나 더 추가하는 일을 감행하더라도 너그럽게 용서해주기 바란다.

1. 개인이나 사회가 법, 여론 등의 강압으로 다른 사람의 행동의 자유를 침해하는 것이 정당화되는 유일한 목적은 자신을 방어할 경우뿐이라 한다. 그런데 누구나 정당한 '자기방어'의 기준은 있는가? 있다면 무엇인가?

2. 민주주의의 주요 원리는 다수결의 원칙이지만, '다수의 횡포'가 심각한 사회문제로 제기되는 경우가 적지 않다. 이러한 예를 구체적으로 들어 보고, 이에 대한 적절한 대안을 제시해 보자.

3. 다른 사람의 이익을 위해 정당하게 수행해야 하며 실행하지 않을 경우 당연히 사회적 책임을 져야 할 의무인 자선행위가 있다고 한다. 이러한 예를 구체적으로 들어 보고, 여기에서 제기되는 문제는 없는지 생각해 보자.

제2장

사상과 토론의 자유

어떤 의견의 표현을 침묵시키는 것은, 그 의견이 옳다면 오류를 진리로 대체할 기회를 빼앗기 때문에, 그 의견이 거짓이라면 진리를 생생하게 인식할 기회를 상실하기 때문에, 인류 전체의 기본권을 강탈하는 것이다.

지성적 존재인 인간이 존경받을 수 있는 유일한 원천은 오류를 교정할 수 있다는 사실에 있다. 이것은 인간이 미래를 향해 부단히 진보해갈 수 있는 도덕적 용기이다.

인간은 자신의 실수를 토론과 경험을 통해 정정할 수 있다. 경험과 토론을 거친 판단만이 확실한 신뢰를 받을 수 있고, 그렇지 않은 판단보다 더 올바르다고 생각할 권리를 갖는다.

진리는 단순히 그것을 보유하는 참된 의견들보다 적절하게 연구하고 스스로 생각하는 사람의 오류에 의해 더 많이 얻어진다. 충분히 논의되지 않은 의견은, 비록 참이더라도, 살아 있는 진리가 아니라 죽은 독단일 뿐이다.

토론이 없으면 그 의견의 근거뿐만 아니라 의미 자체도 망각되어 화석처럼 굳어진 형식적 잔해만 남는다. 그 결과 자신의 의견에서 가장 취약한 부분을 보완해줄 수 있을 반대자의 의견을 듣지 못한다.

반대자들에게 불리하게 과장하지 않는 것뿐만 아니라 반대자들에게 유리할 수 있는 것을 은폐하지 않는 것이 공개적 토론의 진정한 도덕성이다.

부패하거나 폭압적인 정부에 대한 방어책들 가운데 하나로 '언론(the press)의 자유'를 옹호해야 할 시대는 이미 지나갔기를 희망해본다. 대중과 이익이 일치하지 않는 입법부나 행정부가 대중의 의견을 지정하고 또 대중이 들어야 할 정책이나 논의가 무엇인지를 결정한다는 문제에 대해서는 어떤 논의도 이제는 필요 없다고 상정하자. 더구나 이러한 문제는 과거의 저술가들이 자주 또 당당하게 강조해왔으므로 여기서 특별히 주장할 필요는 없을 것이다. 비록 출판이라는 주제에 관해 영국의 법률은 튜더 왕조12)에서처럼 지금도 예속적이지만, 내란(內亂)의 공포가 대신(大臣)들과 법관(法官)들의 위신을 잃게 했던 일시적 공황13)을 제외하면, 그 법률이 실제로 정치적 토론을 탄압하는 데 적용될 위험은 거의 없다.[*] 그리고

---

12) 튜더(Tudor) 왕조(1485~1603)는 30년 장미전쟁 이후 헨리 7세부터 엘리자베스 여왕까지 5대에 걸쳐 통치한 시대로, 난립한 봉건귀족의 세력을 제압해 의회를 통한 헌정질서로 절대왕권을 확립하고, 종교개혁으로 로마 가톨릭에서 벗어나 영국 성공회를 세웠으며, 스페인의 무적함대를 격파하고 중상(重商)정책을 폈다. 이 시기에 영국은 셰익스피어 문학이 만개하는 등 문화의 르네상스를 이루었고, 강력한 근대국가로 발전할 수 있는 총체적 기틀을 마련했다.

13) 이것은 1642년 왕당파와 의회파 사이에 시작된 내전(Civil War), 즉 청교도(Puritan) 혁명을 뜻한다. 올리버 크롬웰(Oliver Cromwell)은 혁명군을 지휘해 1651년 왕당파를 물리쳐 내전을 종식시키고, 1653년 통치장전(統治章典)을 제정해 공화정을 수립했다. 그 후 그는 1658년 병으로 죽을 때까지 잉글랜드, 스코틀랜드, 아일랜드 모두를 통치하는 호국경(Lord Protector)으로서 몇 차례 의회를 해산하는 등 전권을 행사했다.

일반적으로 입헌국가에서는, 국민에 대해 완전히 책임을 지든 아니든, 정부가 종종 의견의 발표를 통제하려고 시도할 것이라고 [미리] 우려할 필요가 없다. 다만 정부가 의견의 발표를 통제함으로써 대중의 일반적 편협성(intolerance)을 대변하는 기관이 되는 경우는 예외이다.

*[원주] 내가 이러한 말을 쓰자 곧, 마치 단호하게 반박을 하듯이, 1858년 정부의 출판물 고발사건이 일어났다. 어쨌든 공개적 언론의 자유에 대한 이 분별없는 간섭에도 나는 이 글의 한마디도 고치지 않았고, 예상된 공황시기에도 정치적 토론에 대해 고통과 처벌을 가하는 시대는 영국에서 이미 지나갔다는 나의 확신은 전혀 위축되지 않았다. 왜냐하면 그 고발은 우선 철저히 관철되지 않았고, 또한 적절히 말하면, 결코 정치적 고발이 아니었기 때문이다. 고발된 범죄는 제도를 비판하거나 통치자의 행위나 인격에 대한 공격이 아니라, 부도덕한 신조인 폭군살해(Tyrannicide)의 합법성을 유포시킨 것이었다.

이 장(章)의 논의가 타당하려면, 윤리적 신념의 문제로서 부도덕하게 간주되어도, 그 신조를 공표하고 토론할 완전한 자유가 있어야만 한다. 따라서 폭군살해의 신조를 부도덕한 것으로 간주해야 하는지는 우리의 문제와 무관하며, 여기서 검토하기에는 적절치 않다. 단지 나는 다음과 같은 점을 말하는 데 만족하겠다. 즉, 이 주제는 줄곧 논의된 도덕에서의 해결되지 않은 문제들 가운데 하나이며, 개인으로서 시민이 스스로 법률보다 높은 위치에 올라감으로써 법률적 처벌과 통제의 영향력에서 벗어난 범죄자를 처벌하는 행위는 전체 국민뿐만 아니라 가장 선량하고 현명한 사람들도 범죄가 아니라 고상한 덕행으로 간주했고, 옳든 그르든 간에 그것은 암살이 아니라 내란의 성격을 지닌다는 점이다. 결국 나는 폭군살해를 선동하는 것은 어떤 특별한 경우에 처벌의 적절한 대상이 될 수 있다고 주장하지만, 이것은 명백한 행위가 실행되고 적어도 그 행위와 선동(煽動) 사이에 그럴듯한 관계가 입증될 수 있는 경우일 뿐이다. 그런데 이러한 자위권(self-defence)을 행사할 수 있는 주체도 정부 자체의 존재를 부정하는 공격을 합법적으로 처벌할 수 있는 것은 공격받는 정부 자체이지, 외국의 정부가 아니다.

그러므로 정부가 대중과 완전히 일치하고 대중의 목소리라고 간주한 것에 동의하지 않으면 어떤 강제력도 행사할 생각조차 않는다고 가정해보자. 그러나 나는, 대중 자신이 행사하든 대중의 정부가 행사하든, 강제력을 대중이 행사할 권리를 부정한다. 강제력(power) 자체가 불법이기 때문이다. 최선의 정부라도 최악의 정부 못지않게 강제력을 행사할 권리는 없다. 강제력은 공공의 여론에 일치해 행사될 때 공공의 여론에 대립해 행사될 때와 같이 유해하거나, 혹은 그 이상으로 유해하다. 비록 한 사람을 제외한 인류 전체가 동일한 의견을 갖고 그 한 사람만 반대의견을 갖더라도, 그 한 사람이 만약 권력을 잡고 인류를 침묵시키는 것이 정당화되지 않듯이, 인류가 그 한 사람을 침묵시키는 것도 정당화될 수 없다.

어떤 의견이 당사자 이외에 아무런 가치도 없는 개인적 소유물이라면, [그리고] 그 의견을 보유하는 데 방해하는 것이 단지 개인적 해악일 뿐이라면, 그 해악이 얼마나 많은 사람들에게 미치는지에 따라 다소 차이가 있을 것이다. 그러나 어떤 의견이 표현되는 것을 침묵시키는 특유의 해악은 현세대뿐만 아니라 미래세대를 포함한, 또 그 의견을 지지하는 사람뿐만 아니라 심지어 반대하는 사람까지도 포함한, 인류[의 기본권]를 강탈하는 것이다. 만약 그 의견이 옳은 것이라면, 인류는 오류(error)를 진리(truth)로 대체할 기회를 빼앗기게 된다. 만약 그 의견이 거짓된 것이라면, 진리가 오류와 충돌함으로써 산출된 진리에 대한 보다 명백한 인식(perception)과 보다 생생한 인상(impression)(이것은 오류를 진리로 대체하는 것만큼이나 엄청난 혜택이다)을 상실하게 된다.

이 두 가지 가정은, 각기 상응하는 논의의 뚜렷한 분야가 있으므로, 분리해 고찰할 필요가 있다. 우리는 우리가 진압하려고 노력하는 의견이 거짓된 의견이라는 것을 결코 확신할 수 없고, 비록 이것을 확신하더라도, 그 의견을 진압하는 것은 여전히 해악일 것이다.

첫째, 권위가 억압하려고 시도하는 의견이 아마 진리일 수도 있다. 이 의견을 억압하려는 사람들은 물론 그 진리성을 부정한다. 그러나 이들도 오류를 범한다. 이들은 인류 전체에 대한 문제를 결정할 권위나, 다른 모든 사람이 판단할 수단을 차단할 권위도 갖고 있지 않다. 이들이 어떤 의견을 거짓이라고 확신하기 때문에 그 의견을 듣는 것을 거부하는 것은 곧 '자신의' 확실성을 '절대적' 확실성과 똑같은 것으로 가정한 것이다. 토론을 침묵시키는 행동은 모두 무오류성(無誤謬性)을 전제한 것이다. 토론을 침묵시키는 행동을 비난하는 이유는 이러한 평범한 논의에 근거해도 무방하다. 논의가 평범한 것이라고 결코 나쁜 것은 아니기 때문이다.

인류의 양식(良識)에는 불행한 일인데, 오류를 범할 수 있다는 사실은 이론상으로는 언제나 허용되지만, 실제적 판단으로는 거의 중요시되지 않는다. 왜냐하면 누구나 자신이 오류를 범할 수 있다는 점을 잘 알고 있지만, 자신이 오류를 범할 가능성에 대해 예방책을 강구할 필요가 있다고 생각하는 사람은 거의 없고, 그들이 굳게 확신하는 어떤 의견이 자신이 범하기 쉽다고 인정하는 오류의 한 사례일 수 있다는 가정을 받아들이는 사람도 거의 없기 때문이다. 절대군주 혹은 무제한의 경의(敬意)에 익숙해진 사람들은 거의 모든 주제에 관한 자신의 의견에 이와 같은 완벽한 확신을 느끼는 것이 보통이다. 이보다 더 행복한 상황에 처해 가끔 자신의 의견이 논박되는 것을 듣고 또 자신의 의견이 틀렸을 때 정정되는 것에 완전히 생소하지 않은 사람들은, 자신의 의견 가운데 자신의 주위에 있거나 자신이 습관적으로 존중하는 모든 사람이 공유하는 의견에만 이러한 무제한의 신뢰감을 갖는다. 왜냐하면 인간은 자신의 독자적 판단에 대한 확신이 부족하면 할수록, 일반 '세상(the world)'의 무오류성에 맹목적으로 신뢰하며 의지하려는 것이 보통이기 때문이다.

그리고 각 개인에게 세상은 그가 접촉하는 세상의 일부, 즉 그가 속한 정당, 종파, 교회, 사회계급을 뜻한다. 세상이 자신의 조국이나 시대와 같이 포괄적인 것을 뜻하는 사람은 상당히 관대하고 도량이 넓은 사람이라고 불러도 좋을 것이다. 이 집단적 권위에 대한 그의 믿음은 다른 시대, 국가, 종파, 교회, 계급, 정당이 정반대의 것을 생각해왔고 심지어 지금도 그렇게 생각한다는 사실을 그가 알아차린다고 해도 전혀 동요되지 않는다. 그는 의견이 다른 사람의 세상에 대항하는 자신이 정당하다는 주장의 책임을 자신의 세상에 떠맡긴다. 그리고 단순한 우연이 이 수많은 세상들 가운데 그가 신뢰하는 대상[세계]을 결정해왔다는 사실, 그를 런던에서 성공회 신자로 만든 동일한 원인이 그를 북경에서 불교도(Buddhist)나 유교도(Confucian)로 만들 수도 있다는 사실에 그는 전혀 난처해지지 않는다.

그렇지만 시대도 개인에 못지않게 오류를 범할 수 있다는 사실은 약간의 논의로도 밝힐 수 있을 만큼 그 자체로 자명한 것이다. 각 시대마다 후대(後代)에서는 거짓일 뿐만 아니라 불합리하다고까지 간주한 많은 의견들을 지녀왔다. 그리고 과거에 일반적으로 받아들였던 많은 의견들이 현재 거부되듯이, 지금 일반적으로 받아들이는 많은 의견들도 미래에 거부될 것이 확실하다.

이러한 논의에 제기될 수 있는 반론은 아마 다음과 같은 형태를 취할 것이다.

오류의 전파를 금지하기 위해 무오류성을 가정하는 것은 공공관청(public authority)이 자신의 판단과 책임으로 수행하는 다른 업무들에서 무오류성을 가정하는 것과 똑같다. 판단력은 사용하기 위해 인간에게 주어진 것이다. [그런데] 판단력이 잘못 사용될 수 있기 때문에, 인간은 그것을 전혀 사용해서는 안 되는가? 사람들이 해롭다고 간주한 것을 금지하는 것은 오류를 피한다고 주장하는 것이 아니라, 오류를 범해도 양심적 확신에 따라 행동해야 한다는 의무, 즉 그들에게 부과된 의무를 이행하는 것이다. 만약 우리의 의견이 거짓일지 모르기 때문에 어떤 행위도 하지 말아야 한다면, 우리는 어떤 이익도 돌보지 않아야 하며, 모든 의무를 수행하지 말아야 할 것이다. 모든 행동에 적용되는 반론이 특별한 어떤 행동에도 타당한 반론일 수는 없다. 가능한 한 가장 참된 의견을 형성하고, 매우 신중하게 그러한 의견을 형성하며, 만약 옳다고 완전히 확신하지 않으면, 다른 사람들에게 이 의견을 결코 강요하지 않는 것은 정부의 의무이며 또한 개인의 의무이다.

그러나 그들이 확신할 때(라고 그 반론하는 자들은 말하겠지만), 비교적 미개한 시대에 다른 사람들이 오늘날 진리로 믿는 의견을 박해했기 때문에 자신의 의견에 따라 행동하는 것을 회피하고, 그들이 현재나 미래에 인류의 복지를 위협한다고 솔직하게 생각하는 신조를 전혀 억제하지 않고 널리 유포되도록 허용하는 것은 양심적인 일이 아니라 비겁한 짓이다. [물론] 동일한 실수를 저지르지 않게 조심하자고 말할 수도 있다. 그러나 정부와 국가는 권위를 행사하는 데 적합하지 않은 많은 일들에 실수를 저질러 왔다. 부당한 세금들을 부과했고, 부정한 전쟁들을 일으켰다. 따라서 우리는 어떠한 세금도 부과하면 안 되며, 어떠한 도발에도 전쟁을 하면 안 되는가? 인간이든 정부이든, 각기 능력에 따라 최선의 행위를 해야만 한다. 절대적 확실성과 같은 것은 없지만, 인간이 살아가는 목적을 성취하기에 충분한 보장은 있다. 우리는 우리의 행동을 지도하기 위해 우리의 의견이 진리라고 가정할 수 있고 또 가정해야만 한다. 그리고 우리가 거짓이며 해로운 것으로 간주하는 의견이 전파됨으로써 나쁜 사람들이 사회를 타락시키는 것을 금지할 경우, 우리는 그러한 진리 이외에 다른 것을 가정하는 것이 아니다.

이와 같은 반론에 대한 나의 답변은 그 반론이 훨씬 더 많은 것을 가정하고 있다는 점이다. 어떤 의견을 논쟁할 기회가 여러 번 있었지만 논박되지 않았기 때문에 진리로 가정하는 것14)과, 그 의견에 대한 논박을 허용하지 않

---

14) 이러한 논지는 포퍼(K. R. Popper, 1902~1994)의 반증(falsification) 원리의 선구적 모델로 볼 수 있다. 그에 의하면, 이성은 항상 오류를 범할 수 있으므로 절대적으로 확실한 인식은 없고, 추측(가설)과 반

기 위해 그 진리성을 가정하는 것 사이에는 매우 엄청난 차이가 있다. 우리의 의견을 반박하고 반증할 완벽한 자유는 행위의 목적을 위해 그 의견의 진리성을 가정하여 우리를 정당화시켜주는 바로 그 조건이다. 이러한 조건 이외에는 인간의 능력을 지닌 존재자가 자신의 의견이 옳다는 어떠한 합리적 확신도 가질 수 없다.

우리가 인간의 삶에서 여론의 역사나 일상적 행위를 고찰할 때 이 두 가지가 현재의 수준으로나마 발전하게 된 것은 [과연] 무엇 때문인가? 인간 오성(悟性)의 내재적 힘에 의거한 것은 확실히 아니다. 왜냐하면 자명하지 않은 어떤 문제에 대해 판단할 수 있는 사람은 100명 가운데 한 사람 정도일 뿐이라 나머지 사람들은 전부 판단할 수 없고, 그 한 사람의 [판단]능력도 상대적일 뿐이며, 과거 각 세대의 탁월한 인물들의 대다수가 오늘날 오류로 밝혀진 많은 의견들을 주장했고, 지금은 누구도 정당화하지 않을 수많은 일들을 실행했거나 시인했기 때문이다.

그렇다면 왜 인류에게 전체적으로 합리적인 의견과 합리적인 행위의 우월성이 존재하는가? 만약 우월성이 실

박(시행착오의 제거)을 통한 합리적 비판으로 부단히 '진리에 접근(verisimilitude)'해야만 한다. 따라서 경험적 반증이 차단된 이론은 만병통치약을 가장한 사이비과학(또 다른 형이상학)이고, 아직껏 반박되지 않은 이론은 가설적 이론일 뿐이다.

제로 존재한다면(인간의 생활이 거의 절망상태에 빠지거나 빠졌던 것이 아니라면 우월성은 분명히 존재한다), 그것은 지성적 존재 또는 도덕적 존재인 인간에게 존경할 만한 모든 것의 원천인 인간 정신의 어떤 특성, 즉 인간의 오류는 교정할 수 있다는 사실에 기인한다.15) 인간은 자신의 실수를 토론(discussion)과 경험(experience)을 통해 정정할 수 있다. [하지만] 경험만으로는 불가능하다. [따라서] 경험이 어떻게 해석되어야 하는지를 밝히려면 토론이 반드시 필요하다. [결국] 잘못된 의견(opinions)과 관행(practices)은 점차 사실(fact)과 논증(argument)에 굴복한다. 그런데 사실과 논증이 인간의 정신에 어떤 영향을 끼치기 위해서는, 그 정신 앞에 제시되어야만 한다. 그것의 의미를 밝혀줄 주석(註釋)도 없이 그것에 대해 이야기할 수 있는 사실은 거의 없기 때문이다. 그렇다면 인간의 판단이 가진 전체적 힘과 가치는, 판단이 틀렸을 때 올바로 교정될 수 있다는 한 가지 특성에 의존하므로, 판단을 교정할 수 있는 수단이 계속 수중에 있을 때만 그 판단에 대해 신뢰할 수 있다.

---

15) 이와 같은 입장은 유한한 인간의 완전성은 오류를 범하는 데 있지 않고, 확실하지 않은 것에 대해 판단을 보류하고 주의 깊은 성찰을 통해 오류에 빠지지 않을 수 있는 습관을 획득하는 데 있다고 파악한 데카르트로부터 유래한다(『제1철학에 대한 성찰』(*Meditationes de prima philosophia*) 제4성찰 '참과 거짓에 관해'를 참조).

[그러면] 어떤 사람의 판단이 실제로 신뢰받을 만한 경우, 어떻게 신뢰받게 되었을까? 그것은 그가 자신의 의견과 행동에 대한 비판에 자신의 마음을 열어 놓고, 자신에 반대해 논의될 수 있는 모든 의견을 경청해서 그 가운데 옳은 것을 받아들여 도움을 받고, 잘못된 것은 잘못의 이유를 자신에게, 또 때로는 다른 사람들에게 설명해왔기 때문이다. 또한 인간이 어떤 주제의 전체를 아는 것에 어느 정도 접근할 수 있는 유일한 방법은 다양한 의견을 가진 모든 사람이 그 주제에 대해 말하는 것을 듣고, 각각의 정신적 특성을 지닌 사람이 그 주제를 고찰할 수 있는 모든 양상을 연구하는 것이라고 느꼈기 때문이다. 지혜로운 어떤 사람도 이러한 양상 이외에는 지혜를 획득한 적이 없으며, 다른 방식으로 지혜롭게 되는 것은 인간 지성(human intellect)의 본성(nature) 속에는 전혀 없다.

자기 자신의 의견을 다른 사람들의 의견과 대조해 교정하고 완성시켜 가는 지속적 습관은, 자신의 의견을 실행하는 데 의심을 갖거나 주저하기는커녕, 자신의 의견을 정당하게 신뢰할 수 있는 유일하게 안정된 기초이다. 자신을 반대해서 말할 수 있는 모든 의견을 적어도 확실하게 인식하고 모든 반대자를 반박하는 자신의 입장을 정립해왔기 때문에, 제기된 반론들이나 어려움들을 회피하

기보다 오히려 추구해왔고 어떤 진영(陣營)이 그 주제를
조명할 수 있는 어떠한 빛도 차단하지 않았다는 것을 알
기 때문에, 그는 자신의 판단을 이와 유사한 과정을 겪지
않았던 사람이나 집단의 판단보다 더 올바르다고 생각할
권리를 갖는다.

자신의 판단을 신뢰할 최고의 자격을 가진 사람들, 즉
인류 가운데 가장 지혜로운 사람들이 자신의 판단에 의
존하는 정당성을 보증하는 데 필요하다고 생각하는 것을
소수의 지혜로운 사람들과 다수의 어리석은 개인들로 구
성된 잡다한 집합체인 대중(the public)도 감수해야만 한
다는 것은 결코 무리한 요구가 아니다. 가장 편협한 교회
인 로마 가톨릭교회도, 어떤 성인(聖人)을 시성(諡聖)할
때조차, '악마의 대변자(devil's advocate)'를 인정하고 또
참을성 있게 경청한다. 가장 성스러운 사람도, 악마가 그
에게 반대할 수 있는 모든 말이 알려지고 평가되기 전에
는, 죽은 후의 영예가 승인될 수 없을 것이다. 만약 뉴턴
(I. Newton)의 철학16)도 의문이 제기되는 것이 허용되지
않았다면, 인류는 오늘날과 같이 그 진리성을 완전히 확

---

16) 여기서 '뉴턴의 철학'은 "나는 가설을 만들지 않는다(hypotheses non
    fingo)"는 그의 실험적 자연철학(philosophiae naturalis), 즉 케플러
    (J. Kepler)와 갈릴레이(G. Galilei) 이래 지속적으로 발전해온 근대
    역학을 집대성한 것을 뜻한다.

신할 수 없었을 것이다.17)

우리가 가장 확신하는 신념(beliefs)도 이것이 근거가 없음을 증명하도록 전 세계에 지속적으로 초청장을 발부하는 것 이외에 신뢰를 보장할 수 있는 다른 방법은 없다. 만약 도전이 받아들여지지 않거나 받아들여져도 그 시도가 실패한다면, 우리는 여전히 확실성에서 멀리 떨어져 있는 것이다. 그러나 우리는 현존하는 상태의 인간의 이성(reason)이 허용하는 최선을 다한 것이다. [요컨대] 우리는 진리에 도달할 기회를 제공해줄 어떤 것도 무시하지 않았다. [그래서] 토론의 장(場)이 개방되어 있다면, 우리는 더 나은 진리가 있다면, 인간의 정신(mind)이 토론의 장을 수용할 수 있을 때 더 나은 진리를 발견할 희망을 가질 수 있을 것이다. 그리고 그동안 우리는 우리 자신의 시대에서 가능한 한 진리에 접근했다고 신뢰해도 좋을 것이다. 이것이 오류를 범할 수 있는 인간이 획득할 수 있는 확실성(certainty)의 한계이고, 확실성을 획득할

____

17) '[당시 뉴턴의 과학처럼 확실하다고 간주한 것에] 의문을 제기하는' 것은, 모든 실체는 물론 필연적 인과법칙마저 우연적 선후관계로 파악해 부정한 흄(D. Hume)의 경험적 회의주의 때문에 칸트(I. Kant)가 독단적 형이상학의 꿈에서 깨어났듯이, "만약 흄(D. Hume)을 읽지 않았다면, 뉴턴의 과학을 결코 무너뜨리지 못했을 것"이라는 아인슈타인(A. Einstein)의 고백에서 알 수 있듯이, 일상적 확신을 철저하게 허물고 새로운 것을 창조할 수 있는 조망을 열어 주는 근본적 힘이다.

수 있는 유일한 길이다.

이상하게도 사람들은 자유로운 토론을 찬성하는 논의의 타당성을 인정하면서도 이 논의가 '극단(極端)으로 떠밀리는 것'에는 반대한다. 이것은 이유가 극단적 경우에 맞지 않다면 어떤 경우에도 맞지 않다는 사실을 이해하지 못하기 때문이다. '의심할' 수 있는 모든 주제에 자유로운 토론을 인정하면서 특정한 원칙이나 신조가 매우 '확실하기' 때문에, 즉 그것이 확실하다고 '그들이 확신하기' 때문에 의심을 금지해야 한다고 생각할 때, 그들이 무오류성(infallibility)을 가정하지 않는다고 상상하는 것은 이상한 일이다. 만약 어떤 명제의 확실성이 주어진다면 부정하겠지만, 확실성이 주어지지 않아서 부정하지 못하는 사람이 있는데도 그 명제를 확실하다고 부르는 것은 우리 자신과 우리에게 동의하는 사람들이 확실성의 판정자이며 다른 사람들의 입장을 들어 보지 않아도 될 판정자라고 가정하는 것이다.

"신념을 잃고 회의(懷疑)에 빠진(destitute of faith, but terrified at scepticism)"[18] 시대로 묘사된 현대, 즉 자신

---

18) 이것은 영국의 역사비평가이자 정치사상가인 칼라일(T. Carlyle)의 말을 인용한 것이다. 그는 『프랑스 혁명』(*The French Revolution*, 1937), 『영웅과 영웅숭배론』(*On Heroes, Hero-Worship and the Heroic in History*, 1841), 『올리버 크롬웰』(*Oliver Cromwell*, 1845) 등의 저술을 남겼다.

의 의견을 참으로 확신해 느끼기보다 자신의 의견이 없이는 무엇을 해야 할지도 모르는 현대에서, 어떤 의견을 대중의 공격으로부터 보호해야 한다는 주장은 그 의견의 진리성(truth)보다 사회에 대한 중요성(importance)에 기초한다. 복지(well-being)에 필수적이진 않지만 매우 유용한 어떤 신념(beliefs)을 지지하는 것은 사회의 다른 이익을 보호하는 것 못지않게 정부의 의무라고 사람들은 주장한다. 그렇게 할 필요가 있을 경우 또는 정부의 의무에 직접 연결된 경우, 거의 오류를 범하지 않을 신념이 있는 정부가 인류의 일반 여론으로 확인된 정부 자신의 의견에 따라 행동할 것을 보장해야 하고 심지어 강제하기도 해야 한다고 주장한다.

또한 [일반인들은] 사악한 사람들 이외에는 누구도 이 건전한 신념을 약화시키기를 원하지 않는다고 종종 논의하고, 또 그렇게 생각한다. 그래서 사악한 사람들을 규제하고 오직 사악한 사람들만 실행하고자 원하는 것을 금지하는 일에는 전혀 잘못이 있을 수 없다고 생각한다. [결국] 이러한 사고방식에 따르면 토론을 제약하는 정당성은 신조(doctrines)의 진리성이 아니라 그 유용성(usefulness)에 관한 문제가 되고, 이와 같은 사고방식으로 의견이 오류가 없는 판단이라고 주장하는 책임에서 벗어나는 것이라고 자만하게 된다.

그러나 이렇게 자족하는 사람은 무오류성을 가정하는 것이 어떤 논점에서 다른 논점으로 단순히 전환된 것일 뿐이라는 사실을 전혀 인식하지 못한다. 어떤 의견의 유용성은 그 자체로 의견의 문제이며, 의견 자체와 마찬가지로 반박될 수 있고 토론할 여지가 있으며, 토론이 필요하다. 만약 비난받는 의견이 자신을 옹호할 충분한 기회를 갖지 못하면, 어떤 의견이 유해하다고 결정하는 것은 그것이 잘못이라고 결정하는 것과 똑같이 그 의견에 오류가 없다고 판정할 사람이 필요하다. 그래서 이단자(異端者)가 자기 의견의 진리성을 주장하는 것은 금지되지만 그 유용성이나 해가 없음을 주장하는 것은 허용될 수 있다고 말하는 것은 아무런 의미도 없을 것이다. 어떤 의견의 진리성은 그 유용성(utility)의 일부이다.19) [따라서] 만약 어떤 명제를 신뢰하는 것이 바람직한지 아닌지를 알고자 한다면, 우리는 그 명제가 참인지 아닌지를 고려하는 것을 배제할 수 있는가? 사악한 사람의 의견이 아니라 가장 선량한 사람의 의견에는 진리에 반대되는 어떠한 신념도 실제로 유용할 수 없다. [다른] 사람들이 유용

---

19) 이와 같이 진리를 유용성의 척도로 파악하는 입장은 밀의 공리주의 뿐만 아니라 영국 경험론의 일반적 특성이며, 이러한 전통을 이어받은 현대의 실용주의도 마찬가지이다.

하다고 말하지만 자신은 거짓이라고 믿는 어떤 신조를 부정했다고 문책을 받을 때, 그대는 참되지 않은 의견이 유용할 수 없다는 그들의 항변을 막을 수 있는가?

그런데 일반적으로 받아들여진 의견의 입장에 선 사람은 이러한 항변이 지닌 가능한 모든 이점을 취하는 데 결코 실패하지 않는다. 그대는 '그들이' 유용성의 문제를 마치 진리의 문제에서 완전히 추출해낼 수 있는 것처럼 다루지 않는다는 것을 발견하게 된다. 정반대로 그들의 신조에 대한 지식과 신념이 그렇게 필수적이라고 주장되는 이유는 특히 그 신조가 '진리'이기 때문이다. 이처럼 중요한 논의가 한편에서 채택될 수 있지만 다른 한편에서 채택될 수 없다면, 유용성의 문제에 관한 공정한 토론은 이루어질 수 없다. 그리고 사실상 법률이나 대중의 감정이 어떤 의견의 진리성이 논박되는 것을 허용하지 않는다면, 그들은 그 의견의 유용성을 부정하는 것도 마찬가지로 용인하지 않는 것이다. 법률이나 대중의 감정이 최대한 허용하는 것은 그 의견의 절대적 필요성을 경감하거나, 그 의견을 배척한 적극적 죄책감을 경감하는 것뿐이다.

우리가 우리 자신의 판단으로 어떤 의견을 비난했기 때문에 그 의견을 듣기를 거부하는 폐해를 보다 충실하

게 예시하기 위해 토론을 구체적인 경우로 한정하는 것
이 바람직할 것이다. 그리고 나는 나에게 가장 불리한 경
우, 즉 의견의 자유에 반대하는 논의가 진리뿐만 아니라
유용성의 관점에서도 가장 강력한 것으로 간주된 경우를
일부러 택하겠다. 비난받은 의견이 신(神)과 내세(來世)
에 대한 신앙 혹은 일반적으로 받아들여진 도덕의 어떤
신조라고 하자. 이러한 입장에서의 논쟁은 불공평한 적대
자에게 매우 큰 이점을 준다. 왜냐하면 그는 (불공평한
것을 결코 원하지 않는 많은 사람들도 마음속으로) 확실
히 이렇게 말할 것이기 때문이다.

이것은 당신이 법률의 보호를 받기에 충분히 확실하다
고 생각하는 교리들이 아닌가? 신에 대한 신앙은 당신이
주장하는 대로 무오류성을 가정하는 것을 확실하게 느끼
는 의견들 가운데 하나인가?

그러나 내가 무오류성을 가정한다고 한 것은 (내용이
무엇이든) 어떤 신조를 확실하다고 느끼는 것이 아니라
는 나의 진술을 양해해주어야만 한다. 그것은 다른 사람
들이 반대 측면에서 주장될 수 있는 것을 듣도록 허용하
지 않은 채 '그들을 위해' 문제를 결정하려고 떠맡는 것
이다. 그리고 비록 가장 진지한 확신의 측면에서 제시하

더라도, 나는 이 가식(假飾)의 구실을 마찬가지로 규탄하고 비난한다. 어떤 의견의 허위성뿐만 아니라 유해성에 대해, 유해성뿐만 아니라 (내가 아주 혐오하는 표현인) 부도덕성과 불손함에 대해 어떤 사람의 설득이 아무리 강력하더라도, 또 그 개인의 판단을 추구하는 데 자신의 국가나 그의 동시대인의 대중적 판단으로 지지를 받더라도, 그가 그 의견을 변호하는 주장을 듣지 못하게 방해한다면, 그는 무오류성을 가정하는 것이다. 그리고 그 의견이 부도덕하거나 불손하다고 여기기 때문에 무오류성에서 부당성과 위험성이 감소하기보다, 오히려 무오류성의 가정 가운데 가장 치명적인 타격을 입힌 사례이다. 이것이 바로 어떤 세대의 사람이 후대의 경악과 공포를 불러일으키는 무서운 과오를 저지른 경우이다. 법의 힘이 최고의 지성인과 가장 고귀한 신조를 뿌리 뽑으려고 사용되었을 때 우리는 역사에 기억할 만한 사례를 그러한 경우에서 발견하게 된다. 그것은 최고의 지성인을 뿌리 뽑는 데 비통할 정도로 성공했으며, 일부의 신조가 굳게 살아남더라도, '그 신조'나 이 신조를 받아들인 해석에 반대하는 사람에게 유사한 행동이 가해질 때 (마치 우롱하듯이) 그 행동을 변호하는 데 동원되었다.

예전에 '소크라테스'와 그 시대의 사법당국 및 대중의

여론 사이에 충돌한 주목할 만한 사건은 인류가 마음속 깊이 기억해두어야 할 일이다. 위대한 인물이 많이 배출된 시대[고대 그리스]와 나라[아테네]에서 태어난 그는 그와 그 시대를 가장 잘 알았던 사람들에 의해 가장 덕망 높은 인물로 전해왔다. 한편 '우리'도 그를 [인류에게] 덕(德)을 가르친 후세의 모든 교사의 원조이자 원형으로, 윤리학뿐만 아니라 다른 모든 철학의 두 원천인 플라톤의 고매한 영감(lofty inspiration)과 '학자 중의 학자(i mastri di color che sanno)'[20]인 아리스토텔레스의 신중한 공리주의(judicious utilitarianism)[21] 모두의 원천으로 알고 있다. 후대의 모든 탁월한 사상가의 공인된 스승인 소크라테스(2천 년 후인 지금도 여전히 드높은 그의 명성은 그의 조국을 빛낸 다른 모든 사람의 이름을 거의 압도할 정도이다)는 '불경(impiety)과 부도덕(immorality)의 죄'[22]

---

20) 이 용어는 단테(A. Dante)가 『신곡』(*Canto*)의 '지옥(Infero)' 편에서 아리스토텔레스를 지칭해 부른 말이다.

21) 밀이 이처럼 아리스토텔레스를 '신중한 공리주의의 원천'으로 간주한 이유는 확실하게 드러나지 않지만, 아리스토텔레스의 철학이 실험하고 관찰할 수 있는 경험적 사실에서 출발하고 실천적 덕목을 강조하면서도 중용(中庸)을 파악할 수 있는 신중한 사려분별을 중시한 점으로 추정해볼 수 있다.

22) 소크라테스가 고발당한 죄목은 '신들을 믿지 않고', '청년들을 타락시킨다', 즉 '[재산과 명예를 추구한] 기존 도덕을 [각자의 영혼을 완성할 새로운 도덕을 불어넣기 위해] 빼 버린다(de+moral+ize)'였는데, 전자는 법정에서 그가 신들을 믿을 뿐만 아니라 그 서자(庶子)와 같은 영혼(精神)을 강조했다고 진술하자, '[결국은] 신들을 모독

로 동포들의 법정에서 유죄판결을 받아 처형되었다.

국가가 공인한 신들(gods)을 부정한 것이 불경죄인데, 사실 그를 고발한 사람들은 그가 어떤 신들도 결코 믿지 않는다고 주장했다(『소크라테스의 변론』(*Apologia*) 참조). [또한] 그의 신조와 가르침으로 '청년들을 타락시킨 것'이 부도덕이라는 죄이다. 고발된 이 혐의들에 대해 법정은 믿을 만한 모든 근거가 있었기 때문에 정직하게 그에게 유죄판결을 내렸고, 아마 그 당시 태어난 모든 사람 가운데 최고의 인물로 평가받아야 할 그를 범죄자로서 사형에 처할 것을 선고했다.

또한 소크라테스의 유죄판결 후에도 계속된 무도한 재판의 다른 유일한 사례, 즉 1,800여 년 전 갈보리 언덕에서 일어난 사건을 들어 보자. 그의 삶과 대화를 지켜봤던 사람들의 기억에 도덕적으로 위대한 인상을 심어 주어 그 후 18세기 동안 인격화된 전능자로 추앙받은 사람[예수]이 불명예스럽게 처형된 죄목은 과연 무엇인가? 신을 모독한 것이었다. 사람들은 은인(恩人)을 단순히 오해했던 것이 아니라, 그의 인격을 정반대로 오해하고 불경(不敬)의 화신(化身)으로 대우했다. 그런데 그들 자신은 바로 그 때문에 오늘날에 [입장이 전도되어] 불경의 화신으

하는 불경죄(不敬罪)'로 바뀌었다.

로 간주되고 있다. 인류가 오늘날 이 통탄할 만한 사건들, 특히 나중의 사건에 대해 느끼는 감정은 그 당시 불운한 역할을 담당했던 배우들에 관한 인류의 판단을 매우 불공정하게 만든다. 그들은 결코 악인이 아니었고, 보통 사람보다 악하지 않고 오히려 정반대였다. 그들은 그 당시 대중의 종교, 도덕, 애국의 감정으로 (다소 지나칠 정도로) 충만했던 사람들이며, 현대를 포함한 모든 시대를 통해 비난받지 않고 존경받으며 인생을 구가할 수 있는 모든 기회를 가진 사람들이었다.

유태의 모든 사상에 따르면 가장 흉악한 죄를 짓는 말을 [예수가] 선언했을 때 자신의 사제복을 찢었던 제사장(祭司長)의 혐오와 분노23)는 아마 오늘날 존경할 만한 경건한 사람들 대부분이 고백하는 종교적 · 도덕적 감정과 마찬가지로 아주 진실했을 것이다. 오늘날 그 제사장의 행위에 전율을 느끼는 대부분의 사람들도, 만약 그 시대에 살았고 유태인으로 태어났다면, 그 제사장과 똑같이

---

23) 마태복음(26장 65~66)에 의하면, 사람들에 의해 끌려온 예수에게 제사장 가야바(Caiaphas)가 "그대가 과연 하느님의 아들 그리스도인가?"고 묻자, 예수께서 "그것은 너의 말이다. 잘 들어 두어라. 너희는 이제부터 사람의 아들이 전능하신 분의 오른편에 앉아 있는 것과 또 하늘의 구름을 타고 오는 것을 볼 것이다" 하고 말씀하셨다. 이 말을 듣고 대제사장이 자기 옷을 찢으며 "이 사람이 이렇게 하느님을 모독했으니 이 이상 무슨 증거가 필요하겠소?" 하며 사람들의 의견을 물어 사형판결을 내렸다.

행동했을 것이다. 초기 순교자24)를 돌로 처형한 사람이
자신들보다 더 사악한 사람임에 틀림없다고 생각하게 된
정통파 그리스도 교인들은 그 박해자 가운데 한 사람이
사도 바울(Saint Paul)이었다는 사실을 상기해야만 한다.

만약 어떤 오류 때문에 받은 인상(印象)의 정도(程度)가
그 오류에 빠진 사람의 지혜(wisdom)와 덕성(virtue)으로
측정된다면, 가장 충격적인 사례를 하나만 더 들어 보자.
만약 동시대의 인물들 가운데 스스로를 가장 선량하고 가
장 계몽된 사람이라고 생각할 만한 [정당한] 근거를 가진
권력자가 한 사람 있다면, 마르쿠스 아우렐리우스(Marcus
Aurelius)25) 황제였다. 당시 문명화된 세계 전체를 지배한
절대군주였던 그는 일생을 통해 가장 결백한 정의감뿐만
아니라, 그가 속한 스토아학파26)의 혈통에서는 거의 기

---

24) 이러한 초기 순교자로 스테파노(Stephano)를 들 수 있다(사도행전,
7~8장 참조).

25) 마르쿠스 아우렐리우스(121~180)는 체제를 합리적으로 정비하고 거
대한 식민지를 실질적으로 장악해 로마제국의 황금기를 마련했다.
그가 전쟁터에서 쓴 잠언과 일기인 『명상록』(*Ton eis heauton
diblia*)은 인간답게 생각하고 행위할 것을 강조하고 자연법사상에 입
각해 소수민족·노예·과부·어린이의 법적 평등을 주장한 것으로,
후기 스토아학파의 대표적 저술이다.

26) 스토아(stoa)학파에 의하면, 우주의 참모습은 변화하는 자연(nature)
이며, 이 속에 통일을 이루는 자연의 섭리(Nature)는 거역할 수 없는
필연적 운명이다. 따라서 현명한 사람의 행복한 삶은 자연의 섭리를
이성으로 통찰하고 감수하는 욕망이 없는 상태(apatheia)에서 이루어
지기 때문에, 의지의 자유와 의무를 강조한다. 또한 인간은 모두 자
연의 섭리의 아들이기 때문에 노예나 소수민족도 정당한 재판을 받

대하기 어려운 부드러운 마음씨를 지녔다. 그가 저지른 몇 가지 과오는 모두 그의 관대함에 기인한다.

반면 고대 정신에서 최고의 윤리적 산물인 그의 저술들은, 예수의 가장 특징적인 가르침과 전혀 다르더라도, 차이를 느낄 만큼 다른 것은 아니다. 성경의 교리적 의미에서 그리스도 교도는 아니지만 그 후 지배했던 표면상의 그리스도 교도인 군주 어느 누구보다도 더 훌륭한 그리스도 교도인 그가 그리스도교를 박해했다. 자유롭고 개방된 지성을 지녔고 도덕적 저술들에서 그리스도교의 이상(Christian ideal)을 구현하고자 스스로 노력한 인격을 겸비했던 그는, 인간성이 그 이전에 성취했던 모든 것의 정상(頂上)에 섰으면서도, 그토록 뼈저리게 통감했던 자신의 의무감에서 그리스도교가 세계에 좋은 것이지 나쁜 것일 수 없다는 사실을 아직 파악하지 못했다.[27]

[물론] 그는 그 당시 사회의 비참한 상태를 알고 있었지만, 그러한 사회가 함께 유지되고 더 이상 악화되지 않는 이유는 공인된 신들에 대한 신앙과 숭배 때문이라고 파악했거나 파악했을 것이다. 인류의 통치자로서 그는 사

을 권리가 있다는 세계시민 평등사상(cosmopolitanism)을 주장했다.

[27] 마르쿠스 아우렐리우스 황제의 치하에 그리스도교가 이전보다 더 많이 받은 박해는 그가 주도한 것이 아니라 지역주민들이 그리스도 교인들을 고발했기 때문에 법률로 집행한 결과일 뿐이다.

회가 분열되는 고통을 당하지 않게 하는 것을 자신의 의무로 여겼고, 만약 사회에 기존의 유대관계가 단절될 경우 그 사회를 다시 결합할 수 있는 다른 유대관계를 형성시킬 수 있는 방법을 알지 못했다. [그런데] 새로운 그리스도교는 기존의 유대관계를 해체시킬 것을 공개적으로 겨냥했다. 그러므로 그 종교를 채택하는 것이 자신의 의무가 아니라면, 그 종교를 탄압하는 것을 [당연한] 자신의 의무로 간주했다. 게다가 그는 그리스도교 신학이 참된 것으로 혹은 신성(神性)에서 유래한 것으로 보지 않았기 때문에, 십자가에 처형된 신[예수]의 이 생소한 역사(strange history)가 믿어지지 않았기 때문에, 그리고 그가 전반적으로 믿을 수 없는 기초에 전적으로 의존하려 했던 [그리스도교의] 체계가 아무리 무시하더라도 결국 실제적인 사회의 개혁세력이 될 것이라고 예견할 수 없었기 때문에, 철학자들과 통치자들 가운데 가장 점잖고 온화한 그가 엄숙한 의무감에서 그리스도교의 박해를 공인했다.

나는 이것이 인류의 모든 역사에서 가장 비극적인 사실 가운데 하나라고 생각한다. 만약 그리스도교 신앙이 콘스탄티누스(Constantinus)[28] 대신 마르쿠스 아우렐리우

---

28) 콘스탄티누스(272~337)는 로마제국의 황제(306~337)로서 313년 밀

스의 보호 아래 로마제국의 종교로 채택되었다면, 세계의 그리스도교가 얼마나 달라졌을 것인가를 생각해볼 때 비통한 일이다. 그런데 반(反)그리스도교적 교리를 처벌하도록 촉구되는 데 사용된 구실이 마르쿠스 아우렐리우스가 그리스도교의 포교를 처벌하는 데(실제로 처벌했지만) 그대로 사용되었다는 사실을 부정하는 것은, 그에게 불공평할 뿐만 아니라 진리에도 위배될 것이다. 그리스도 교인들이 무신론(Atheism)은 허위이며 사회를 붕괴시킨다고 믿는 것 이상으로, 그 당시 사람들 가운데 그리스도교를 가장 잘 이해할 수 있었을 만한 인물인 마르쿠스 아우렐리우스도 그리스도교가 그러한 것이라고 믿었다. 만약 의견을 공표하는 것을 처벌하도록 허용하는 어떤 사람이 스스로 마르쿠스 아우렐리우스보다 더 현명하고 더 선량하다고 (그 시대의 지혜에 더 깊게 정통하고, 자신의 지성이 더 숭고하며, 진리의 탐구에 더 진지하거나 발견된 진리에 헌신하는 데 더 전념한다고) 자만하지 않는다면, 자신과 대중이 합동으로 오류를 범하지 않는다고 가정하지 못하도록 해야만 한다. 그 위대한 안토니우스(Antonius)[29]

라노 칙령으로 그리스도교를 공인하고, 325년 제1차 니케아 공의회를 소집해 교리를 확립함으로써 그리스도교의 발전에 크게 기여했다. 324년에는 로마제국의 수도를 비잔티움으로 옮겨 동로마제국의 기틀을 굳건히 마련했다.

29) 이것은 마르쿠스 아우렐리우스 황제를 뜻하는데, 그의 정식 이름은

도 이렇게 가정했기 때문에 그와 같은 불행한 결과를 초래했던 것이다.

반(反)종교적 의견을 억압하기 위해 처벌하는 것이 마르쿠스 안토니우스[아우렐리우스]를 정당화시키지 못할 어떤 논의로도 옹호될 수 없다는 점을 잘 알기 때문에 종교적 자유를 적대시하는 사람들은 궁지에 몰릴 때 종종 이와 같은 불행한 결과를 인정하며, 존슨(S. Johnson)[30) 박사처럼 이렇게 말한다.

그리스도교의 박해자들은 옳았다. 왜냐하면 박해는 진리가 반드시 통과해야만 할 가혹한 시련이며 항상 성공적으로 통과하는 반면, 법률적 처벌은 유해한 오류에 대해서는 가끔 유익한 효력을 발휘하기도 하지만 결국 진리 앞에서는 무력한 것이기 때문이다.

이러한 진술은 종교적 불관용을 옹호하는 아주 주목할 만한 형식의 논의이기 때문에, 그냥 지나칠 수는 없다. 박해가 진리에 어떤 해악도 가할 수 없기 때문에 진리

'케사르 마르쿠스 아우렐리우스 안토니우스 아우구스투스(Ceasar Marcus Aurelius Antonius augustus)'이다.

30) 존슨(1709~1784)은 그리스 로마 고전에 대한 해박한 지식에 근거해 인도주의적 도덕이상을 간결한 냉소적 필치로 많은 저술을 발표했다. 특히 7년간 혼자 작업해 편찬한 『영어사전』(*Dictionary of the English Language*, 1755)은 그 후 모든 영어사전의 기초가 되었다.

가 박해받는 것이 정당할 수 있다고 주장하는 이론은 새
로운 진리를 수용하는 데 고의적으로 적대적이라고 비난
받을 수 없겠지만, 인류에게 새로운 진리를 밝혀준 사람
들을 관대하게 대했다고 칭찬받을 수도 없다. 세계와 깊
게 관련되었으면서도 이전까지 알려지지 않은 것을 세계
에 밝히는 것, 세속적 관심사나 정신적 관심사의 어떤 중
요한 점에서 과오를 범해 왔다는 것을 세계에 입증하는
것은 한 인간이 그의 동포들에게 베풀 수 있는 가장 중요
한 봉사이며, 초기 그리스도 교인이나 종교개혁가와 같이
어떤 경우에 존슨 박사처럼 생각하는 사람들은 이것이 인
류에게 부여될 수 있는 가장 귀중한 선물이었다고 믿는다.

그런데 이 이론에 의하면, 이렇게 훌륭한 은혜를 베푼
장본인이 순교를 당해야 하는 것, 그들이 받는 보답이 죄
인들 가운데 가장 흉악한 죄인으로 취급되어야 하는 것
은 인류가 깊이 뉘우치고 통곡하지 않으면 안 될 정도로
비통한 실수와 불행이 아니라, 정상적이며 정당화될 수
있는 일이다. 이러한 학설에 따르면, 새로운 진리의 주창
자는, 로크리스[31] 주민이 법률을 제정할 때 새로운 법률
의 제안자가 하듯이, 목에 밧줄을 걸고 나와 민중의회가

---

31) 로크리스(Locris)는 고대 그리스의 중부 해안지방에 세워진 도시국
　　가를 뜻한다.

그의 설명을 듣고 즉시 그 제안을 채택하지 않으면 곧바로 교수형을 당할 각오를 해야 한다. 은혜를 베푼 자를 이러한 방식으로 대우하는 것을 옹호하는 사람들이 그 은혜에 대해 상당한 가치를 부여할 것이라고 생각할 수는 없다. 그리고 나는 그 주제에 대한 이와 같은 관점이 '과거에 새로운 진리가 바람직했던 적이 있었지만, 우리는 이제 그것을 충분히 갖고 있다'고 생각하는 부류의 사람들에게 대부분 한정되어 있다고 믿는다.

실제로 '진리는 항상 박해를 극복한다(truth always triumphs over persecution)'는 격언은, 진부한 상투어로 전락될 때까지 반복되지만, 결국 모든 경험으로 논박되는 유쾌한 거짓들 가운데 하나이다. 역사는 박해 때문에 진압된 진리의 사례들로 가득 차 있다. 영원히 억압되지는 않더라도 그것은 수 세기 동안 처박혀 묻혀 버릴 수도 있다. 종교적 의견에 관해서만 말하더라도, 종교개혁은 루터(M. Luther) 이전에 적어도 20회는 일어났고 또 진압되었다. 브레시아의 아르놀드(Arnold), 프라 돌치노(Fra Dolcino), 사보나롤라(Savonarola), 알비 교파(Albigeois), 바도 교파(Vaudois), 롤라드 교파(Lollards), 후스 교파(Hussites) 역시 진압되었다.[32] 루터 시대 이후에도 박해가 지속된

---

32) 아르놀드는 1155년, 프라 돌치노는 1307년, 사보나롤라는 1498년

곳 어디에서나 박해는 성공적이었다. 스페인, 이탈리아, 플랑드르,33) 오스트리아 제국에서 개신교(Protestantism) 는 뿌리째 뽑혔다. 그리고 메리(Mary) 여왕이 [계속] 살았거나 엘리자베스(Elizabeth) 여왕이 [일찍] 죽었다면,34) 영국에서도 그렇게 되었을 것이다. 이단자의 집단이 너무 강력해 효과적으로 박해할 수 없는 경우를 제외하고 박해는 항상 성공을 거두었다.

분별이 있는 사람이라면 누구라도 그리스도교가 로마 제국에서 뿌리째 뽑혔을지 모른다고 생각하지 않을 것이다. 그리스도교가 전파되고 우세해진 것은 박해가 드문드문 짧게 지속되었고, 박해에서 다음 박해까지 오랜 기간 거의 방해받지 않고 포교할 수 있었기 때문이다. 진리는,

처형당했다. 또한 로마 가톨릭으로부터 독립하려는 알비 교파, 바도 교파, 롤라드 교파는 무참히 탄압받았고, 후스 교파의 지도자 후스 (J. Hus)는 화형을 당했다.

33) 플랑드르(Flanders)는 벨기에 서부와 프랑스 북부, 네덜란드 남서부 를 포함한 북해 연안지방을 가리킨다.

34) 밀이 이렇게 가정한 것은 다음과 같은 사실에 근거한다. 메리 여왕 (1516~1558)은 헨리(Henry) 8세와 스페인 공주 캐서린(Catherine)의 딸로, 1553년 왕위에 오르자 성공회를 금지하고 가톨릭교로 되돌아가 면서 개신교도들을 무자비하게 탄압했다. 엘리자베스 여왕(1533~1603) 은 헨리 8세가 재혼한 앤 불린(Anne Boleyn) 사이에 태어나, 메리 여왕에 이어 1558년 왕위에 오르자 성공회를 국교로 선포하고 가톨 릭교도와 청교도들을 반역으로 몰아 또한 가혹하게 탄압했다. 하지 만 엘리자베스 여왕은 화폐제도를 정비해 중상주의 정책을 펼치고, 강력한 해군을 육성해 스페인의 무적함대를 격파하고 동인도회사를 세우는 등 국력을 크게 성장시키는 많은 업적을 쌓아 영국 국민 대 다수의 깊은 존경을 받았다.

단지 진리라는 이유만으로 또 오류에는 주어지지 않는 고유한 힘을, 즉 지하 감옥과 화형도 극복할 수 있는 고유한 힘을 지닌다는 생각은 전혀 근거가 없는 한 조각의 감상주의(sentimentality)일 뿐이다. 진리를 향한 인간의 열정은 종종 오류를 향한 열정처럼 별로 강력하지 않기 때문에, 법률적 처벌이나 심지어 사회적 처벌이 충분히 적용된다면, 진리나 오류의 전파를 중단시키는 데 대체로 성공할 것이다. 진리가 갖는 실질적 이점은, 어떤 의견이 참일 때 한두 번이나 여러 번 소멸될 수 있지만, 세월이 흐르면서 그것을 다시 발견하는 사람들이 통상 나타날 것이고, 그것이 다시 등장하는 시기들 가운데 어떤 시기에는 [그것을 전파하는 데] 유리한 환경이 조성되어 박해를 모면할 수 있고 [그래서] 결국 그 진리를 억압하려는 이후의 모든 시도에 저항할 수 있을 만큼 강력해질 것이라는 사실에 있다.

[그러나] "오늘날 우리는 새로운 의견을 제창하는 사람들을 처형하지 않는다. 우리는 선지자(prophets)를 살해했던 조상과 다르며, 오히려 그들에게 묘소까지 만들어준다"고 말하는 사람도 있을 것이다. 사실 우리는 이단자를 더 이상 사형에 처하지 않는다. 그리고 극히 추악한 의견에 대해서조차 현대의 감정이 아마 관용을 베풀 형사처

벌의 양(量)은 그 의견을 뿌리째 뽑기에 결코 충분치 않다. 그러나 우리가 이미 법률적 박해의 작은 오점까지도 제거했다고 자만하지는 말자. 의견(opinion)에 대한 처벌 혹은 적어도 의견의 표현(expression)에 대한 처벌은 법률로 여전히 존재하기 때문이다. 심지어 오늘날에도 그러한 처벌이 여전히 집행되고 있으므로, 언젠가는 충분한 세력을 갖추어 다시 살아날지도 모른다는 사실은 전혀 믿을 수 없는 일이 아니다.

1857년 콘월 지방의 여름 순회재판에서 평소 모든 일상생활에 별다른 잘못을 저지르지 않았다고 알려진 어떤 불운한 사람이 그리스도교에 관해 모욕적인 말을 유포하고 대문에 낙서했다는 죄목으로 21개월 수감을 선고받았다.[*] 그 후 한 달도 못 되어 올드 베일리35)에서 두 사람이 각기 다른 경우에 이들이 어떤 신학적 신앙도 갖고 있지 않다고 솔직하게 표명했기 때문에 배심원 자격이 거부되었고,[**] 이 가운데 한 사람은 판사에게, 또 한 사람은 변호인단 가운데 어떤 사람에게 심한 모욕을 당했다. 그리고 외국인인 세 번째 사람은 똑같은 이유로 절도를 당한 데 대한 고소가 거부되었다.[***]

---

35) 올드 베일리(the Old Bailey)는 영국 런던의 중앙형사법원을 뜻한다.

*[원주] 토마스 풀리(Thomas Pooley)는 1857년 7월 31일 보드민 순회재판(Bodmin Assizes)에서 그러한 판결을 받았으나, 그해 12월 국왕의 사면을 받았다.

**[원주] 조지 제이컵 홀리오크(George Jacob Holyoake)는 1857년 8월 17일, 에드워드 트루러브(Edward Truelove)는 1857년 7월 이러한 일을 겪었다.

***[원주] 글라이헨(Gleichen) 남작은 1857년 9월 4일 말보로 가(街)의 경찰 재판소(Marlborough Street Police Court)에서 이러한 일을 겪었다.

고소제기가 이렇게 거절된 사건은 신(a God) 또는 어떤 신(any god)이라도 좋은데 그 신과 내세(future state)에 대한 신앙을 고백하지 않는 사람은 법정에서 증언할 수 없다는 법률적 학설 때문에 일어났다. 이 학설은 그들을 법정의 보호를 받을 수 없는 무법자(outlaws)로 선언하는 것과 마찬가지이다. 만약 범행현장에 자신 이외에 아무도 없었거나 범죄자와 유사한 의견을 지닌 사람들만 있다면, 강탈당하거나 폭행당할 뿐 [범죄자는] 처벌받지 않을 것이다. 그리고 만약 사실에 관한 증거가 그들의 증언에 의존한다면, 다른 어느 누구도 [범죄자는] 처벌받지

영국의 중앙형사재판소인 올드 베일리(the Old Bailey) 건물 꼭대기에는 공정
하기 위해 눈을 가리고 왼손에 저울, 오른손에 칼을 들고 있는 정의의 여신 디
케(Dike)의 조각상이 있다.

정의의 여신 디케(Dike)는 공평성을 유지하기 위해 눈을 가리고, 왼손
에 정의를 기준으로 엄정하게 판정할 저울을, 오른손에 정의를 실현하
는 힘인 칼을 들고 있다.

않고 [피해자는] 강탈당하거나 폭행당할 수밖에 없다. 이러한 법률적 학설이 근거하는 가정은 내세를 믿지 않는 사람의 한 선서(宣誓)는 가치가 없다는 것인데, 이 명제는 이에 동의하는 사람들이 역사에 대해 매우 무지하다는 사실을 드러내준다. 왜냐하면 모든 시대에 신앙심이 없는 사람들이 대부분 성실성과 명예를 존중하는 점에서 탁월했다는 것은 역사적으로 밝혀진 사실이기 때문이다. 그리고 쌓은 덕행과 학식에서 세상에 최고의 명성을 얻은 사람들 가운데 상당수가 적어도 그들의 친지(親知)들에게는 [종교를] 믿지 않는 자로 잘 알려져 있다는 사실을 조금이라도 이해한다면, 누구도 그러한 명제를 주장하지는 않을 것이기 때문이다.

더구나 그 명제의 규범(rule)은 자기 파괴적이므로 그 자신의 기초를 잘라 버린다. 즉 무신론자는 반드시 거짓말쟁이라는 구실로 그 규범은 기꺼이 거짓말하려는 모든 무신론자의 증언을 인정하고, 거짓을 우기기보다 혐오스러운 신조인 무신론을 공개적으로 고백하는 치욕을 과감히 무릅쓰는 사람들만 배척한다. 그래서 공언된 그 목적에 관해 불합리성(absurdity)을 스스로 확인해주는 규범은 증오의 한 휘장(a badge), 박해의 한 유물(a relic)로만 계속 시행될 수 있다. 또한 박해는 박해를 받을 이유가 없다고 명백히 입증된다는 것이 곧 박해를 받을 자격도 되는 특성을 지닌다. 이 규범과 이것이 함축하는 이론은 신앙이 없는 사람과 신앙인에게 거의 똑같이 모욕적이다. 왜냐하면 만약 내세를 믿지 않는 사람이 필연적으로 거짓말을 한다면, 내세를 굳게 믿는 사람이 거짓말을 하지 않도록 금지되는 (만약 금지된다면) 유일한 이유는 지옥에 대한 공포뿐이라는 결론이 되기 때문이다. 우리는, 이 규범의 주창자들과 지지자들이 그리스도교 덕목에 만들었던 개념이 그들 자신의 의식에서 도출되었다고 가정함으로써, 그들을 모욕할 생각은 없다.

사실 이것들은 박해의 누더기들이나 잔해들에 불과하고, 박해하려는 의지의 표시라기보다 영국인의 정신 속에 자주 보이는 결점의 한 예라고 생각할 수 있다. 즉 영국인은 어떤 나쁜 원칙을 실제로 실행할 만큼 사악(邪惡)하지는 않지만, 그 원칙을 역설하는 데 터무니없는 즐거움을 느낀다. 그러나 지독한 형태의 법률적 박해가 약 30년간 중지되었지만, 불행하게도 대중의 심리상태에서 이것이 지속된다는 보장은 없다. 현재에는 새로운 이익을 도모할 뿐만 아니라 과거의 해악을 다시 소생시키려는 시도가 종종 일상생활의 평온함을 깨뜨린다. 오늘날 종교의 부흥으로 일컬어지는 것은 편협하고 교양이 없는 정신[사람]들에게는 적어도 독선의 부흥과 항상 마찬가지이다. 그리고 영국의 중산층(middle classes)처럼 대중의 감정 속에 강력하고 지속적인 편협한 성향이 항상 간직된 집단에서는 대중이 박해할 만한 적절한 대상으로 생각해왔던 사람들을 적극적으로 박해하도록 유발시키는 것은 아주 손쉬운 일이다.[*] 왜냐하면 그들이 중요하다고 여기는 신앙을 갖지 않은 사람들에 대해 그들이 간직한 의견과 품은 감정, 바로 이것이 이 나라를 정신적 자유(mental freedom)의 장소로 만들지 못하기 때문이다.

*[원주] 우리는 [인도의 군대] 세포이(Sepoy)의 반란 [1857~1859]이 일어났을 때 박해자의 격정이 마구 쏟아지는 와중에 영국 국민성의 가장 나쁜 부분이 대체로 드러난 사실에서 충분한 경고를 이끌어낼 수 있다. 광신자나 사기꾼의 광란적 설교는 주의할 가치가 없겠지만, 복음교회(Evangelical party)의 수장들이 힌두교도나 회교도를 통치하기 위한 원리로 공표한 것에 의하면, 성서를 가르치지 않는 학교는 공적 자금을 지원받을 수 없고, 그 필연적 결과 진정한 그리스도 교인이거나 그리스도 교인을 가장하지 않으면 어떤 공직에도 임용될 수 없다. 어떤 국무차관은 1857년 11월 12일 그의 선거구 주민에게 다음과 같이 연설한 것으로 보도되었다.

"영국 정부가 그들의 신앙(1억 영국 국민의 신앙), 즉 그들이 종교라고 일컫는 미신(迷信)을 관용했기 때문에 영국의 명성이 선양되는 일이 지체되고 그리스도교의 유익한 성장이 저해되는 결과가 초래되었다. …… 관용(toleration)은 영국의 종교적 자유들(religious liberties)의 중요한 초석(礎石)이었다. 하지만 인도인들이 이 관용이라는 귀중한 말을 남용하게 해서는 안 된다. 내가 이해하기에, 관용은 '동일한 기초에 입각해 예배하는 그리스도교인 가운데' 모든 사람에게 부여된 완전한 자유, 즉 예배의 자유(freedom of worship)를 의미한다. 그것은 '유일한 중재자를 믿는 그리스도교인'의 모든 종파와 교파의 관용을 의미한다."

나는 자유당 내각(liberal ministry)에서 이 나라 정부의 고위직(高位職)을 수행할 적임자라고 간주된 사람이 그리스도의 신성(神性)을 믿지 않는 모든 사람은 관용을 받을 범위 밖에 있다는 신조를 주장한다는 사실에 주의를 불러일으키고 싶다. 이러한 어리석은 주장이 표명된 후에도 종교적 박해는 이미 지나가 버렸고 결코 되돌아오지 않는다는 환상에 과연 누가 빠질 수 있단 말인가?

과거에 오랫동안 법률적 처벌의 주된 폐해는 그것이 사회적 오명(汚名)을 강화시킨다는 것이다. 사회적 오명은 실제로 매우 유효하기 때문에, 영국에서 사회가 금지한 의견을 표명하는 경우는 다른 많은 나라에서 사법적으로 처벌받는 위험을 불러일으킬 의견을 공언하는 경우보다 훨씬 드물다. 재정상태가 좋기 때문에 다른 사람의 선의(善意)에 의존할 필요가 없는 사람들을 제외한 모든 사람에게 이 주제에 관한 여론은 법률과 똑같은 효력을 갖는다. 이들은 먹고 살아갈 수단을 박탈당하기보다 차라리 감옥에 들어가는 편이 낫다고 여기기 때문이다. 먹고 살아가는 문제가 이미 확보되었고 권력자나 권력집단 혹은 대중으로부터 어떠한 혜택도 바라지 않는 사람들은, 어떤 의견을 공개적으로 표명하는 데 나쁜 인상을 받거나 욕을 먹는 것 이외에는, 두려워할 것이 전혀 없다. 또한 나쁜 인상을 받거나 욕을 먹는 일을 견디는 데 각별한 영웅적 기질이 필요하지도 않다. [더구나] 이러한 사람들을 위해 '동정심에'(ad misericordiam) 호소할 여지조차도 없다.

그러나 우리와 다르게 생각하는 사람들에게 이전의 관습만큼 많은 해악을 입히지는 않더라도, 우리가 그들을 대우하는 데는 어느 때보다 스스로 많은 해악을 저지를 수 있을 것이다. 소크라테스는 처형되었지만, 그의 철학은 하늘의 태양처럼 높이 솟아올라 지성(知性)의 창공(蒼空) 전체에 빛을 발산했다. 그리스도 교인은 사자의 먹이로 던져졌지만, 그리스도 교회는 웅장하고 무성한 나무로 자라나, 늙어 시든 초목(草木)들 위에 우뚝 솟아 그 그늘로 초목들을 질식시키고 있다. 우리의 단순한 사회적 불관용은 누구를 죽이거나 어떤 의견도 제거하지 않지만, 사람들이 그 의견을 위장하도록 유도하거나, 그 의견을 확산시키는 적극적 노력을 금지하도록 유도한다. 우리의 경우 이단적 의견들이 눈에 띌 정도로 증가하지는 않고, 오히려 10년이나 30년마다 그 기반을 상실하기까지 한다. 이단적 의견들은 멀리 그리고 넓게 활활 타오르지는 않지만, 일반적인 인류의 문제에 참된 빛이나 기만적인 빛을 비춘 적도 없이 그 의견들을 고안해낸, 사고하고 연구하는 사람들의 좁은 범위 안에서 계속 연기를 피울 뿐이다.

그래서 어떤 사람에게는 매우 만족스러운 상태가 지속된다. 왜냐하면 누구도 벌금이 부과되거나 투옥되는 불쾌한 과정을 겪지 않고도 모든 유력한 의견이 외부적으로 방해받지 않는 상태를 유지하는 한편, 병(病)들은 사고(思考)에 시달린 이단자가 이성을 행사하는 것을 절대로 금지하지 않기 때문이다. 이것은 지성의 세계에 평화를 가져오고 이 속에서 모든 것을 이전과 마찬가지로 유지하는 편리한 계획이다. 그러나 이러한 지성적 평온을 위해 지불된 대가(代價)는 인간 정신의 도덕적 용기(moral courage) 전체를 희생하는 것이다. 가장 활동적이고 탐구

적인 지성인들 대부분이 자신들이 확신하는 일반적 원칙
들과 근거들을 가슴 깊이 간직하는 것이 상책이라고 생
각하면서, 대중에게 이것들을 전달하는 데 마음속으로 배
척해왔던 전제들에 자신들의 결론을 가능한 한 많이 적
용하려고 시도하는 상태에서는, 지난날 사상의 세계를 장
식했던 개방적이고 용감한 인물들과 논리적이며 언행이
일치된 지성인들이 결코 배출될 수 없다.

　이와 같은 상태에서 기대할 수 있는 인물들은 평범한
일에 단순히 순응하는 사람들이거나, 모든 중대한 주제에
관한 논의가 청중들을 위한 것이지 그들 자신의 확신을
뜻하지는 않는 기회주의적으로 진리를 추구하는 사람들
뿐이다. 이러한 양자택일을 피하는 사람들은 원칙들의 영
역 안에서 반대의견을 과감히 말하지 않고 논의할 수 있
는 사항, 즉 사소한 실제적 문제들에 자신들의 사고와 관
심을 좁힘으로써 양자택일을 피한다. 그런데 만약 인류의
정신만 강화되고 확장되었다면 그러한 문제들이 잘 해결
되겠지만, 그 전에는 결코 효과적으로 해결될 수 없을 것
이다. 반면 인류의 정신을 강화하고 확장하는 일, 즉 최
고로 중요한 주제에 관해 자유롭고 과감하게 사색해가는
일은 포기된다.

　이단자들의 편에서 이렇게 마지못해 사양하는 것이 결

코 해롭지 않다고 보는 사람들은, 우선 마지못해 사양한 결과 이단적 의견들에 대한 공평하고 철저한 토론이 결코 이루어지지 않는다는 사실을 고려해야만 하고, 그 의견들 가운데 그러한 토론을 견디어낼 수 없는 것은 비록 확산이 금지되더라도 소멸되지 않는다는 사실을 고려해야만 한다. 정통적 결론으로 귀결되지 않는 모든 탐구를 금지함으로써 가장 손상을 입는 것은 이단자의 정신이 아니다. 최대의 피해를 입은 사람은 이단자가 아니면서도 이단의 공포 때문에 정신적 발전이 위축되고 이성이 위협받는 사람이다. 장래가 희망이 있는 지성을 지녔지만 반종교적이거나 부도덕하다고 낙인찍히지 않을까 두려워 대담하고 활기찬 일련의 독립적 사고를 과감하게 추구하지 않는 소심한 성격의 많은 사람들 때문에 세계가 얼마나 많은 손실을 입고 있는지를 과연 어느 누가 계산해낼 수 있는가? 이들 가운데 깊은 양심과 예민하고 세련된 지성을 지닌 사람이 스스로 침묵을 지킬 수 없는 지성을 궤변으로 왜곡하면서 일생을 보내고, 자신의 양심과 이성이 고무하는 것을 정통적 학설에 조화시키려고 시도하는 데 풍부한 자질의 창의력을 소진하지만, 결국에는 아직도 그러한 일에 성공하지 못하게 되는 경우를 우리는 종종 목격할 수 있다.

어떠한 결론에 도달하든지 자신의 지성을 추구해가는 것이 사상가(a thinker)로서 가장 중요한 임무라는 사실을 인식하지 못하면, 누구도 위대한 사상가가 될 수는 없다. 진리는 스스로 생각하는 힘든 일을 겪지 않았기 때문에 단지 그것을 보유할 뿐인 사람의 참된 의견들(true opinions)보다, 오히려 적절하게 연구하고 준비해 스스로 생각하는 사람의 오류(error)에 의해 더 많이 얻어진다. 사상의 자유가 요구되는 유일한 이유 혹은 주된 이유는 위대한 사상가를 만드는 것이 아니다. 정반대로 그 이유는 보통 사람들에게 [사상의 자유가] 스스로 성취할 수 있는 정신적 발달의 수준을 획득하기 위해 위대한 사상가만큼 혹은 그 이상으로 필수불가결하다는 데 있다. 정신적 노예상태가 일반적인 분위기에서도 위대한 개인적 사상가는 있었고, 또 있을 것이다. 그러나 그와 같은 분위기에서 지성적으로 활발한 국민은 결코 없었고, 앞으로도 없을 것이다. 어떤 국민이 일시적으로나마 지성적으로 활발한 특성에 접근했던 곳에서는 이단적 사색에 대한 공포가 잠시 중지되었기 때문이었다. 원칙들이 논박되어서는 안 된다는 암묵적 합의가 있는 곳에서, 인간의 관심을 사로잡을 수 있는 가장 위대한 문제에 대한 토론이 폐쇄되었다고 간주된 곳에서, 우리는 역사상 매우 주목할 만한 시대를

형성했던 일반적으로 높은 수준의 정신적 활동을 발견할
것이라고 기대할 수 없다.

논쟁이 정열을 충분히 불태울 만큼 위대하고 중요한
주제를 회피할 때, 어떤 국민의 정신을 그 기초로부터 일
깨우고 심지어 가장 평범한 지성인조차 사상가들의 위엄
을 지닌 수준으로 향상시킬 자극이 주어진 적은 없다. 이
러한 사례들 가운데 우리는 [첫 번째] 종교개혁 직후 유
럽의 상황에서, 두 번째 비록 유럽 대륙의 계몽된 계급에
한정되었지만 18세기 후반 사상운동에서, 세 번째 비록
더 짧은 기간이었지만, 괴테(J. W. Goethe)와 피히테(J.
G. Fichte)의 시기에 독일의 지성적 발흥36)에서 겪었다.
이 시기들은 각기 발전시켰던 특수한 의견들에서 현저한
차이가 있지만, 권위(authority)의 속박이 파괴되었다는
점은 모두 동일하다. 각 시기의 낡은 정신적 독재가 폐기
되었지만, 아직 새로운 것으로 대체되지는 못했다. 이 세
기간에 주어진 충동(impulse)이 유럽을 오늘의 유럽으로
만들었다. 인간의 정신이나 제도에서 일어난 어떠한 개선
도 분명히 이들 가운데 하나로부터 연유한다고 할 수 있

---

36) 이것은 헤르더(J. G. Herder)로부터 1770년대 계몽주의에 반발해 자
연을 찬미하며 천재를 숭배하고 민족예술을 다시 발견하려는 괴테와
실러(F. Schiller) 등의 문학으로 표현되고, 또 1800년대 초에 의지와
감정을 이상적으로 고양시킬 것을 강조한 피히테의 정신철학으로 이
어진 '질풍노도(Sturm und Drang)'의 운동을 뜻한다.

다. [그런데] 최근에 나타난 현상은 세 가지 충동들이 모두 거의 소진되었다는 사실을 알려주고 있다. 결국 다시 정신의 자유를 주장할 때까지 우리는 어떤 새로운 출발도 기대할 수 없다.

이제 우리 논의의 두 번째 부분으로 넘어가자. 그리고 [일반적으로] 받아들여진 어떤 의견이 거짓일지도 모른다는 추측은 물리치고, 그 의견을 참으로 가정해, 그 진리성이 자유롭고 공개적으로 점검되지 않을 때 유지될 수 있는 방식의 가치를 검토해보자. 강력한 의견을 가진 사람이 자신의 의견이 거짓일지도 모른다는 가능성을 어쩔 수 없이 인정하더라도, 그는 다음과 같은 사실을 고려해야만 한다. 즉 만약 자신의 의견이 충분히, 빈번히 또 두려움 없이 논의되지 않는다면, 비록 그것이 참이라도, 살아 있는 진리(a living truth)가 아니라 죽은 독단(a dead dogma)으로서 평가될 것이라는 사실이다.

만약 어떤 사람이 그들이 참이라고 생각하는 것에 주저 없이 동의한다면, 비록 그가 그 의견의 근거들(grounds)에 대한 어떠한 지식도 없고 또 가장 피상적인 반론에 제대로 변호할 수 없더라도, 그것으로 충분하다고 생각하는 사람들이 (다행히 예전보다는 많지 않지만) 있다. 이들은,

일단 권위 있는 사람의 가르침을 통해 자신의 신조를 얻을 수만 있다면, 그 신조에 대해 의문을 제기되도록 허용하는 것은 아무런 이득도 없고 오히려 어떤 해악을 가져올 뿐이라고 당연히 생각한다. 이들의 영향력이 우세한 곳에서는 [일반적으로] 받아들여진 의견이 현명하고 신중하게 폐기되는 것은 거의 불가능하다. 그럼에도 불구하고 그 의견은 자신도 모르는 채 성급하게 폐기될 수도 있다. 왜냐하면 토론을 완전히 봉쇄하는 것은 거의 불가능하며, 일단 토론이 이루어지면 확신에 근거하지 않은 신념은 조금이라도 논의와 유사한 것에 의해서도 굴복되기 쉽기 때문이다. 그러나 이러한 가능성은 보류하고, 참된 의견이 정신 속에 있지만 편견, 즉 논의와 무관하고 논의를 거치지 않은 신념에 있다고 가정하는 것은 이성적 존재 [인간]가 지지할 수 있는 진리의 방식은 전혀 아니다. 이것은 결코 진리를 아는 것이 아니다. 이렇게 지지된 진리는 어떤 진리를 선언하는 말에 우연히 부착된 또 다른 미신(迷信)에 불과할 뿐이기 때문이다.

만약 인류의 지성(intellect)과 판단력(judgement)이 계발되어야 한다면(개신교도는 적어도 이러한 사실을 부인하지는 않는다), 어떤 사람이 자신에게 매우 중요하게 관련되어 있기에 이에 관한 의견들이 필요하다고 간주된 사항

이외에 이러한 능력[지성과 판단력]을 보다 적절하게 행사할 수 있는 사항은 무엇인가? 만약 오성(understanding)의 계발이 다른 무엇보다 어떤 하나로 구성되었다면, 그것은 확실히 그 자신의 의견의 근거들을 배우는 것이다. 올바로 믿는 것이 무엇보다 중요한 주제들에 관해 사람들이 무엇을 믿든 간에, 그들은 적어도 평범한 반론들에 대항해 변호할 수 있어야만 한다.

그러나 어떤 사람은 이렇게 말할 수도 있을 것이다.

사람들이 자신들의 의견의 근거들을 '배우게' 하라. 그 의견의 근거들이 논박되는 것을 결코 들어본 적이 없기 때문에, 그 의견을 앵무새처럼 뜻도 모른 채 단순히 따라 주장해야만 한다는 결론이 도출되지는 않는다. 기하학을 배우는 사람들은 정리(定理)들을 단순히 기억하는 것이 아니라, 그 증명들도 마찬가지로 이해하고 배운다. 그리고 어떤 사람들이 기하학적 진리의 근거들을 부정하고 이것을 반증하려는 시도를 결코 들은 적이 없기 때문에, 그들이 기하학적 진리의 근거들에 대해 무지한 채 남아 있다고 말하는 것은 불합리할 것이다.

이러한 말은 의심할 여지가 없다. 그리고 수학과 같이 문제를 잘못 이해했다면 전혀 할 말이 없는 주제에 관해서는 그와 같은 가르침으로도 충분하다. 수학적 진리의 증거가 갖는 특수성은 모든 논의가 한 측면에만 있다는 것이다. [여기에는] 반론도 없고, 반론에 대한 답변도 없다.

하지만 의견의 차이가 가능한 모든 주제에서 진리는 서로 대립하는 두 집단의 근거들 사이에서 일어난 균형에 의존한다. 심지어 자연철학에서도 동일한 사실에 대해 어떤 다른 설명이 언제나 가능하다. 마치 천동설을 대신한 지동설, 플로지스톤(phlogiston)[37]을 대신한 산소와 같이[38] 다른 설명이 언제나 가능하다. 그렇다면 다른 이론이 참된 이론일 수 없는 이유가 밝혀져야만 한다. 그리고 그 이유가 밝혀질 때까지, 또 그 이유가 어떻게 밝혀지는지를 알 때까지, 우리는 우리 의견의 근거들을 [제대로] 이해하지 못하고 있는 것이다.

그러나 우리가 도덕, 종교, 정치, 사회관계와 인생살이처럼 훨씬 더 복잡한 주제들을 다룰 때, 반론된 모든 의견에 관한 논의 가운데 4분의 3은 그 의견과 다른 의견을

---

37) 그리스어로 '불꽃'이라는 뜻인 이 용어는 17세기 말에서 18세기 초에 베허(J. J. Becher)와 슈탈(G. E. Stahl) 등이 연소(燃燒)는 물질이 타는 것은 그 물질에서 이것이 빠져나가는 현상이라고 설명했던 가상적 개념이다. 그러나 이 이론은 라부아지에(A. L. Lavoisier)가 실험을 통해 연소는 산소와 물질이 결합하는 반응이라는 사실을 입증함으로써 반박되었다.

38) 원문은 '산소를 대신한 플로지스톤과 같이'이지만, 옮긴이가 문맥의 논지에 맞게 바꾸었다.

지지하는 현상을 일소하는 데 충당된다. 한 사람[데모스테네스][39]을 제외하고는 고대의 가장 위대한 웅변가[키케로]는 항상 자신의 주장보다 상대방의 주장에 더 강렬하게 혹은 적어도 똑같이 강렬하게 연구했다는 기록이 남아 있다. 키케로(M. T. Cicero)[40]가 토론에 성공하기 위한 수단으로 실행했던 것은 진리에 도달하기 위해 어떤 주제를 연구하는 모든 사람이 모범으로 삼아야 할 본(本)이다. 어떤 사례에 관해 자신의 측면만 아는 사람은 실은 자신의 측면에 대해서도 거의 모르는 것이다.

물론 자신의 논거가 정당할 수 있고, 그래서 아무도 이 논거를 논박할 수 없을지 모른다. 그러나 그가 마찬가지로 상대방의 논거를 논박할 수 없거나 그 논거의 본질에 대해 별로 아는 것이 없다면, 그는 어떤 의견도 선택할 근거를 전혀 갖지 못한 것이다. 그가 취할 합리적 입장은 판단을 유보하는 것이며, 만약 이에 만족하지 않으면, 권

---

39) 데모스테네스(Demosthenes, B.C. 384~322)는 7살 때 고아가 되어 횡령당한 유산을 찾고자 말을 더듬고 발음이 정확하지 못한 장애를 극복해 고대 그리스 최고의 웅변가가 되었다. 그는 마케도니아에 대항해 그리스 도시국가들의 연합을 강조한 유명한 정치연설들을 남겼다.

40) 키케로(B.C. 106~43)는 시저[카이사르]의 독재를 비판하고 공화정을 지지했기에 시저가 암살된 뒤 자신도 암살당했다. 그는 절충적 처세술의 철학을 주장했고, 그리스 사상을 도입하고 번역해 라틴어를 사상전달의 필수적 기초로 만들었으며, 웅변과 수사에 탁월하며 수려하고 유창한 문체의 수많은 저술과 연설 및 편지를 남겼다.

위에 의해 인도되거나 세상의 일반인과 마찬가지로 가장 좋아한다고 느끼는 측면을 택하는 것이다. [또한] 그가 반대자의 논의를 그 자신의 교사들로부터 듣는 것, 즉 교사들이 그 논의를 진술하고 제시한 것을 듣거나 논박으로 제공한 것에 따라 듣는 것도 충분치 않다. 이것은 [반대자의] 논의를 정당하게 다루거나 실제로 자신의 정신에 접속시키는 방식이 아니다. 그는 [반대자의] 논의를 실제로 믿고 진지하게 변호하며 이렇게 하기 위해 최선을 다하는 사람에게 들을 수 있어야만 하고, [반대자의] 논의를 가장 그럴듯하며 설득력 있는 형식으로 인식해야만 한다. 그는 [관련된] 주제의 참된 관점이 직면하고 처리해야만 할 어려움을 철두철미하게 느껴야만 한다. 그렇지 않으면 그 어려움에 부딪히고 또 극복할 진리의 일부분도 결코 실제로 소유하지 못할 것이기 때문이다.

이른바 교육을 받은 사람들, 심지어 자신의 의견을 유창하게 논할 수 있는 사람들도 100명 중 99명은 이러한 상황에 처해 있다. 그들의 결론이 참일지도 모르지만, 이것은 [또한] 그들이 아는 모든 것에 대해 거짓일 수도 있다. 즉 그들은 자신과 달리 생각하는 사람들의 정신적 입장에 몰두해본 적도 없고 그러한 사람들이 할 수 있는 말이 무엇인지를 고려해본 적도 없기 때문에, 결국 그들은 스스로 공언하는 신조(信條)를 본래적 의미에서는 전혀 알지 못한다. 그들은 그 나머지를 설명하고 정당화하는 그 신조의 [다른] 부분들, 즉 서로 대립된 것으로 보이는 어떤 사실이 조화를 이룰 수 있거나 외견상 강력한 두 가지 논거들 가운데 저것이 아닌 이것이 선택되어야 한다는 점을 보여 주는 고려해야 할 사항들을 알지 못한다. 그들은 상황을 결정적으로 만드는 진리와 완전한 정보를 가진 사람의 판단을 결정하는 진리의 모든 부분을 모르는 사람들이다. 그래서 진리의 모든 부분은 두 측면에 대해 똑같이 공평하게 주의를 기울이며 두 측면의 논거를 [모두] 가장 뚜렷하게 살펴보려고 노력했던 사람들 이외에는 누구에게도 실제로 알려진 적이 없다. 이러한 훈련이 도덕적이고 인간적인 주제들을 진정으로 이해하는 데 필수적이기 때문에, 만약 모든 중요한 진리에 대한 반대자가 존재하지 않는다면, 그와 같은 반대자를 상상해내서 가장 숙련된 악마의 대변자(devil's advocate)가 마법을 걸 수 있는 가장 강력한 논의를 그들에게 제공하는 것이 필수 불가결하다.

이렇게 숙고하는 노력을 덜기 위해 자유로운 토론(free discussion)을 반대하는 사람은 다음과 같이 말할지도 모른다.

인류 일반이 자신의 의견에 찬성하거나 반대하는 데 철학자들과 신학자들이 말할 수 있는 모든 것을 알고 이해할 필요는 없다. 보통 사람들이 날카로운 반대자들의 잘못된 진술들이나 오류들 모두를 밝힐 필요도 없다. 이러한 잘못된 진술들이나 오류들을 해명해줄 사람은 항상 있기 때문에, 교육을 받지 못한 사람들을 잘못 이끌 우려가 있는 모든 것이 논박되는 것으로도 충분하다. 단순하게 사고하는 사람들은 자신들에게 주입된 진리의 명백한 근거를 배워왔기 때문에, 나머지는 권위자에게 위임해도 좋고, 제기될 수 있는 모든 어려운 문제를 해결할 지식이나 능력도 없다는 사실을 알기 때문에, 제기된 모든 어려운 문제는 특히 그러한 일에 훈련을 받은 사람이 해결해왔고 해결할 수 있다는 확신에 의지해도 좋다.

진리를 믿는 것에 당연히 수반될 만큼의 진리를 이해한 것으로 가장 쉽게 만족하는 사람들이 자유로운 토론의 주제에 관해 요구할 수 있는 이러한 견해를 최대한 허용하더라도, 자유로운 토론을 위한 논의는 결코 약화되지 않는다. 왜냐하면 이와 같은 신조조차 인류는 모든 반론이 만족스럽게 해명되어 왔다는 합리적 확신을 가져야 한다는 점을 인정하기 때문이다. 그런데 해명되어야 한다는 요구가 표명되지 않으면, 어떻게 그 반론들이 해명될

수 있는가? 혹은 해명이 만족스럽지 못하다는 것을 반대
자들이 밝힐 기회가 없다면, 어떻게 그 해명이 만족스럽
다는 것이 알려질 수 있는가? 대중은 아니라도 적어도 어
려운 문제들을 해결해야만 할 철학자들과 신학자들은 가
장 수수께끼 같은 형식으로 어려운 문제들에 친숙해야만
한다. 만약 이 어려운 문제들이 자유롭게 진술되지 않고
그들이 인정하는 범위 안에서 최대한 유리한 관점에서
제시되지 않는다면, 그러한 일은 성취될 수 없다.

[그런데] 가톨릭교회는 이와 같은 난처한 문제를 다룰
고유한 방식을 갖고 있다. 즉, 확신에 따라 교리를 받아
들이는 것이 허용될 수 있는 사람들과, 무조건 교리를 수
용해야만 할 사람들을 확연히 구별한다. 물론 어느 쪽도
자신들이 수용할 선택은 허용되지 않는다. 그러나 성직
자, 적어도 충분히 신뢰받을 수 있는 성직자는 반대자들
에 답변하기 위해 반대자들의 논의에 정통할 것이 허용
될 뿐만 아니라 바람직하다고 간주되기 때문에, 이단자의
책들을 읽을 수 있다. [하지만] 평신도는, 받기 힘든 특별
허가가 없으면, 그럴 수가 없다. 이러한 교회규율은 적의
사정에 관한 지식이 교사들에게는 유익하다고 인정하지
만, 그 결과 다른 사람들에게 그러한 지식을 거부할 수단
을 찾아낸다. 따라서 '엘리트(élite)'에게는 대중에게 허용

되는 것보다 많은, 비록 더 많은 정신적 자유는 아니라도, 정신적 문화가 주어진다. 이러한 장치로 가톨릭교회는 자신의 목적에 요구되는 일종의 정신적 우월성을 획득하는 데 성공한다. 왜냐하면 비록 자유가 없는 문화가 호방하고 진보적인 정신을 지닌 사람을 만들지는 못하더라도, 어떤 소송 사건의 '순회 배심재판(nisi prius)' 변호사와 같은 [규율에 충실한] 영리한 사람을 만들 수는 있기 때문이다.

그러나 개신교를 신봉하는 국가에서 이러한 방편은 거부된다. 왜냐하면 개신교는 적어도 이론적으로 종교의 선택에 대한 책임을 각자 스스로 져야만 하고 교사들에게 떠넘길 수는 없다고 주장하기 때문이다. 더구나 세계의 현존하는 상황에서 교육을 받은 사람이 읽는 저술을 교육을 받지 못한 사람이 읽을 수 없게 만드는 일은 실제로 불가능하기 때문이다. 만약 인류의 교사[스승]들이 그들이 알아야만 할 모든 것을 인지해야 한다면, 모든 것은 자유롭게 저술되고 아무런 제약 없이 출판되어야만 한다.

어쨌든 만약 [일반적으로] 받아들여진 의견이 참일 때 자유로운 토론이 없기 때문에 발생한 유해한 작용이 그 의견의 근거에 대해 무지하도록 방치하는 데 국한된다면, 자유로운 토론이 없는 것은 지성적 해악일지 모르지만 도덕적 해악은 아니며, 그 의견이 인격에 미칠 영향을 고려할 때 가치가 전혀 손상되지 않는다고 생각할 수도 있다. 하지만 사실상 토론이 없는 경우 의견의 근거뿐만 아니라 의견 자체의 의미도 너무 자주 망각된다. 의견을 전달하는 말은 사상을 제시하지 않거나, 그들이 본래 의사소통하려고 고용한 사상의 단편만을 제시한다. [그래서] 선명한 개념과 생생한 신념 대신, 판에 박힌 암기로 간직된 몇 가지 문구들만 남게 된다. 혹은 그 의미의 어떤 부분이 남는다면, 단지 껍질과 잔해만 간직되고, 보다 섬세한 본질은 상실된다. [우리는] 이와 같은 사실로 점철된 인류 역사의 위대한 시기에 대해 매우 진지하게 연구하고 성찰해야만 한다.

이러한 사실은 거의 모든 윤리적 학설과 종교적 신조의 경험의 예들에서 볼 수 있다. 그 학설과 신조는 창시자들과 그 수제자들에게 매우 중요하고 생동감이 넘친 것이다. 다른 신조들에 대해 그 학설과 신조의 우위를 확보하려는 투쟁이 지속되는 한, 그 의미는 더욱 강하게 느껴지며, 아마 충분히 깨달을 정도로까지 밝혀진다. 결국 그 의미가 우세해져 일반적 여론이 되든가, [그렇지 않으면] 그 발전은 중단된다. 즉, 그 의미는 자신이 획득한 기반을 계속 소유하지만, 더욱 확산되지는 않는다. 이 두 가지 결과들 가운데 어떤 것이 명백해질 때, 그 주제에 관한 논쟁은 시들해지고 점차 소멸된다. 그 학설은, 비록 [일반적으로] 받아들여진 의견으로는 아니라도, 이미 인정된 의견의 한 분파나 부분으로서 자리를 잡는다. [결국] 그 학설을 지지하는 사람들은 일반적으로 그 학설을 채택한 것이 아니라, 상속받은 것이다. 그래서 이 가운데 어떤 학설에서 다른 학설로 전향하는 것은, 지금은 예외적인 사실이지만, 그 학설을 신봉하는 자들의 사고에서는 거의 있을 수 없는 일이다. 그들은, [주창자들의] 초기처럼 끊임없이 조심스럽게 세상 사람들에 대항해 자신들을 옹호하거나 사람들을 자신들에게 이끌려고 하는 대신, 묵인하도록 가라앉히고, 자신들의 신조에 반대하는 논의에는 가능한 한 경청하지 않거나 자신들에게 유리한 논의로 반대자들(혹시 있다면)을 난처하게 만들지도 않는다. 대체로 이러한 시기로부터 그 학설의 활력은 쇠퇴하기 시작한다.

우리는 신자(信者)들이 명목상 인지한 진리를 생생하게 깨달아 정신 속에 유지시켜서 그것이 감정에 침투하고 행동을 실제로 지배하게 만드는 것은 매우 어려운 일이라고 모든 신조의 교사들이 한탄하는 소리를 종종 듣는다. 신조가 스스로 살아남기 위해 계속 투쟁하는 동안,

그와 같은 어려움에 대한 불평은 전혀 없다. 이럴 때는 비교적 나약한 투사(鬪士)들도 자신이 투쟁하는 목표 그리고 자신의 교리와 다른 교리들의 차이를 알고 느낀다. 또한 모든 신조가 존재할 경우 그 근본적 원리들을 모든 형식의 사고 속에 실현하고, 이 원리들의 모든 중요한 의미에서 비교 검토하고 고찰하며, 그 신조에 대한 믿음이 이것에 완전히 몰두한 사람의 인격에 끼칠 전체적 영향을 체험한 사람들을 적지 않게 발견할 수 있다.

하지만 이 신조가 전승되어 능동적이 아니라 수동적으로 받아들여질 때, 그 신조에 대한 믿음이 제기하는 의문들에 정신이 더 이상 초기 단계와 같은 정도의 생생한 영향력을 발휘하도록 강요되지 않을 때, 형식적 의례들을 제외한 모든 믿음을 점차 망각하는 경향이 있다. 혹은 마치 의식 속에서 그 믿음을 깨닫거나 개인적 체험으로 입증할 필요도 없이 무턱대고 받아들이는 것처럼, 그 믿음에 덤덤하고 무기력하게 점차 동의하는 경향이 있기 때문에, 결국 그 믿음은 인간의 내적 삶과 관련 맺기를 거의 중단하게 된다. 그래서 현대에는 신조가 정신의 외부에 있는 것처럼 남게 되어 인간 본성의 더 고상한 부분에 호소하는 다른 모든 영향을 받아들이지 못하도록 정신을 외피(外皮)로 덮어씌우고 화석(化石)으로 만드는 일이 거의 대부분인 경우를 자주 볼 수 있다. 이 경우 그 신조는, 어떤 신선하고 활기찬 확신도 정신(mind)이나 마음(heart) 속에 들어오지 못하게 함으로써, 하지만 자신은 정신이나 마음을 공허하게 유지하려고 보초를 서는 것 이외에는 정신이나 마음에 아무것도 하지 않음으로써, 자신의 힘을 발휘하게 된다.

본래 인간의 정신에 가장 깊은 인상을 심어 주도록 적합하게 고안된 교리가 상상, 감정 혹은 오성으로 깨닫게 된 적도 없이 어느 정도까지 죽은 신앙(dead beliefs)으로 인간의 정신 속에 남아 있을 수 있는가 하는 점은 신자들 대다수가 그리스도교 교리를 지지하는 태도에 의해 예증된다. 내가 여기에서 말하는 그리스도교는 모든 교회와 종파가 그리스도교로 여기는 것, 즉 『신약성서』에 포함된 격률(maxims)과 계명(precepts)을 뜻한다. 그리스도교인이라고 고백하는 모든 사람은 이것들을 신성한 것으로 간주하고, 율법(laws)으로 받아들인다.

그런데 그리스도교인 1,000명 가운데 한 사람도 이 율법으로 자신의 개인적 행동을 행하거나 되돌아보지 않는다고 말하는 것은 결코 과장이 아니다. [오히려] 그가 참고하는 기준은 자신이 속한 국가, 계급 혹은 종교집단의 관습뿐이다. 그래서 그는 한편으로 자신을 다스릴 규범으

로서 오류가 없는 지혜자[신]가 자신에게 주셨다고 믿는
한 묶음의 윤리적 격률을 갖는다. 다른 한편 일련의 일상
생활의 판단과 관행이 있는데, 이 가운데 어떤 것은 윤리
적 격률과 상당히 일치하고 다른 것은 별로 일치하지 않
으며 또 어떤 것은 정면으로 대립되지만, 전체적으로는
그리스도교의 신조와 세속생활의 이익 및 제안 사이에
이루어진 타협의 산물이다. 그는 첫 번째 기준[윤리적 격
률]에 경의를 표하지만, 실제로 충성을 바치는 것은 두
번째 기준[일상생활의 판단과 관행]이다.

  [어쨌든] 모든 그리스도교인은 다음과 같이 믿는다.

  축복받은 자들은 가난하고 겸손하며 세상에서 버림받은
사람들이다. 부자가 천국에 들어가는 것은 낙타가 바늘구
멍에 들어가는 것보다 더 힘들다. 자신이 심판받지 않으려
면 남을 심판하지 말라. 결코 맹세하지 말라. 이웃을 네 몸
과 같이 사랑하라. 네 속옷을 가져가려는 자에게 겉옷도
주어라. 내일 일을 걱정하지 말라. 완전해지기를 원한다면,
가진 것을 모두 팔아 가난한 사람에게 주어라.

  그리스도 교인이 이러한 격률을 믿는다고 말할 때, 이
들이 불성실한 것은 아니다. 사람들이 항상 찬양하는 말
만 들었을 뿐 결코 토론된 적이 없는 것을 믿듯이, 그리

스도교인은 이러한 격률을 믿는다. 하지만 행위를 규제하는 생생한 신앙의 의미에서 보면, 그들은 통상적으로 교리에 따라 행동하는 수준에서 교리를 믿는다. 그 본래의 교리는 반대자들에게 비난을 퍼붓는 데 사용될 수 있다. 또한 그 교리는 사람들이 무엇이든 찬양받을 만하다고 생각하는 것을 행하는 정당한 이유(이러한 이유가 가능하다면)로서 제시될 수 있다고 이해된다. 그러나 그 격률은 그들이 실행하려고 생각해본 적도 없는 무한한 것을 요구한다는 사실을 상기시키는 사람이 얻을 수 있는 것은 다른 사람보다 잘난 체하는 매우 인기 없는 사람으로 낙인찍히는 일뿐이다. 그 교리는 일상적 신자들에게 지지를 받지 못하고, 그들의 정신에 힘을 발휘하지 못한다. 일상적 신자들은 교리의 소리에 습관적으로 경의를 표하지만, 그 [교리의] 말에서 이 말이 지시하는 대상들로 확대하고 정신이 '이 대상들'을 받아들이도록 강제하며 신앙의 교리에 조화시키려는 감정을 전혀 갖고 있지 않다. 행위가 관련될 때마다 그러한 신자들은 그리스도에게 어느 정도까지 복종해야 하는지에 대한 지침을 얻고자 여기저기를 기웃거린다.

그런데 우리는 초기 그리스도교인의 경우에는 이와 매우 달랐다고 확신해도 좋을 것이다. 그렇지 않았다면, 그리스도교는 경멸당했던 히브리 민족의 애매한 한 종파에서 로마제국의 종교로 확장되지 못했을 것이다. 그들의 적들이 "그리스도 교인이 서로 얼마나 사랑하는지를 보라!"(이것은 오늘날 누구도 말할 것 같지 않은 진술이다)고 말했던 당시에 그리스도교인은 자신들이 지닌 신조의 의미에 대해 후대의 그리스도교인보다 훨씬 더 생생한 감정을 확실하게 가졌다. 그리고 그리스도교가 오늘날 영역을 별로 확장하지 못하고, 18세기가 지난 다음에도 여전히 거의 유럽인과 그 후손에게만 국한되는 주된 이유도 아마 여기[초기의 감정이 쇠퇴한 점]에 있을 것이다. 자신들의 교리에 매우 진지하고 또 그 교리의 많은 부분들에 일반인보다 훨씬 더 많은 의미를 부여하는 엄격한 종교인들조차, 이렇게 그들의 정신 속에 비교적 활동적인 부분은 통상적으로 캘빈(J. Calvin)이나 녹스(J. Knox)[41] 또는 성격상 자신들에 훨씬 더 가까운 어떤 사람이 만든 것이다.

그리스도의 가르침은, 친근하고 온후한 말씀을 단순히 듣게 되어 발생한 감명 이상을 거의 산출하지 못한 채,

---

41) 녹스(1514?~1572)는 가톨릭교회를 배경으로 한 프랑스와 정치·종교적 격동기에 있던 잉글랜드의 영향으로부터 온건한 캘빈주의에 입각해 스코틀랜드의 신앙과 독립을 지켜낸 종교개혁가이자 전도사였다.

그들의 정신 속에 수동적으로 공존할 뿐이다. 어떤 종파의 휘장인 교리가 모두에게 공인된 종파의 공통적 교리보다 더 많은 활력을 유지하고, 교사들이 교리의 의미를 살리려고 더 많은 고통을 감수하는 데는, 분명히 많은 이유들이 있다. 그러나 한 가지 확실한 이유는 독특한 교리들은 더 많은 의문들이 제기되어야만 한다는 점, 공개적 반대자들에 대항해 더 빈번히 변호해야만 한다는 점이다. 전쟁터에서 적(敵)들이 사라지자마자 곧 가르치는 사람들과 배우는 사람들 모두는 그들의 전선(戰線)에서 잠들어 버리고 만다.

일반적으로 말하면, 이와 동일한 것이 도덕과 종교뿐만 아니라 신중함과 인생의 지식[처세]에 관한 모든 전통적 교리에 대해서도 실제로 적용된다. 언어와 문학은 모두 '삶이란 무엇인가' 또한 '살아가면서 어떻게 처신할 것인가' 하는 인생에 대한 일반적 관찰로 가득 차 있다. 이러한 관찰은 모든 사람이 알고 묵인하면서 반복하거나 듣고 자명한 이치로 받아들이는 것이지만, 대부분의 사람들은 보통 쓰라린 경험을 통해 삶의 의미를 현실로 통감할 때 비로소 그 관찰의 의미를 진정으로 배운다. 예상치 못한 어떤 불행이나 실망으로 괴로워할 때, 인간은 평생 친숙했던 (만약 그 의미를 지금처럼 이전에 느낀 적이 있었다면 재난으로부터 구출해줄 수도 있었을) 어떤 격언이나 속담을 실제로 자주 생각해내곤 한다. 물론 여기에는 토론이 없다는 점 이외에 다른 이유도 있다. 왜냐하면 개인적 체험을 통해 뼈저리게 느끼기까지 충분한 의미를 '깨달을 수 없는' 진리들이 많기 때문이다. 하지만 만약 그가 그 의미를 잘 이해한 사람에게서 그것에 '찬성'하거나 '반대'하는 논의를 듣는 데 익숙했다면, 그 진리의 의미도 더 잘 이해했을 것이고, 이렇게 이해된 것은 그의 정신에 더 깊은 인상을 주었을 것이다. 어떤 것이 더 이상 의심스럽지 않을 때 그것에 대해 생각하는 것을 포기하는 인류의 치명적 경향은 인류가 저지른 과오들의 원인 중 절반이나 된다. 어떤 현대 작가는 [이것을] "결정된 의견이 빠진 깊은 잠(the deep slummer of a decided opinion)"이라고 적절하게 갈파했다.

이에 대해 다음과 같이 반문할 수도 있다.

아니, 무슨 말이야! 만장일치가 이루어지지 않는 것이 참된 지식의 필수 불가결한 조건이라고? 누군가 진리를 깨달을 수 있도록 인류의 일부가 계속 과오를 저질러야 한다는 것이 필수적이라고? 신앙은 일반적으로 받아들여지자마자 곧 진실성과 활력을 상실한다고? 그리고 명제는 그것에 대한 의문이 남아 있지 않다면 결코 철저히 이해하고 느낄 수 없다고? 인류가 어떤 진리를 만장일치로 수용하자마자 그 진리는 인류 속에서 소멸된다고? 진보된 지성의 최대의 목표와 최상의 결과는 모든 중요한 진리를 인식하는 데 인류를 더욱더 통일시키는 것으로 이제껏 생각되어 왔는데, 그 지성은 자신의 목적을 달성하지 못하는 한에서만 존속한다고? 정복의 결과는 승리가 매우 완벽해짐으로써 소멸된다고?

나는 이와 같은 반문을 결코 긍정하지 않는다. 인류가 진보함에 따라 더 이상 논박되거나 의심되지 않는 교리들의 수는 계속 증가할 것이고, 인류의 복지는 논란의 여지가 없게 된 진리들의 수와 그 비중으로 거의 계산할 수 있을 것이다. 꼬리를 물고 제기되는 문제들에서 진지한 논쟁이 정지되는 것은 의견이 통합되는 데 따른 필연적 사건이며, 이러한 통합은 참된 의견일 경우 유익하지만, 그릇된 의견일 경우 위험하고도 해롭다.

비록 다양한 의견의 범위가 점차 축소되는 것이 '필연적(necessary)'이라는 말의 두 가지 의미 즉 동시에 '불가피하다(inevitable)' 또는 '필수 불가결하다(indispensible)'는 의미에서 필연적이라고 하더라도, 그렇다고 우리가 의견들이 통합된 결과는 모두 반드시 유익하다고 결론지을 필요는 없다. 어떤 진리를 명석하고 생생하게 파악하는 것은 그 진리를 반대자들에게 설명하고 변호할 필연성에 의해 매우 중요한 도움을 얻는데, 이러한 도움을 상실하는 것은 그 진리를 보편적으로 인식하는 유익함을 아주 많이는 아니더라도 결코 적지 않게 저해한다. 반대자들에게 설명하고 변호할 이점을 더 이상 가질 수 없는 곳에서, 나는 인류의 교사들이 이것을 대체할 방법을 제공하려고 노력하는 모습을 보고 싶다고 고백한다. 그 방법은 문제의 어려운 점을, 마치 그를 전향시키려고 애쓰는 반대론자가 강력하게 제시하는 것처럼, [가르침을] 배우려는 사람의 의식에 제시하도록 고안해내는 것이다.

그러나 이러한 목적을 성취할 방안들을 추구하는 대신, 교사들은 과거에 가졌던 방법들마저도 잃어버렸다. 플라톤의 '대화편(*Dialogues*)'에서 매우 웅장하게 예시된 소크라테스의 변증법(dialectics)[42]은 이러한 것을 기술하려고 고안해낸 것으로, 본질적으로 철학과 삶의 중대한 문제를 깨닫게 만드는 부정적 토론(negative discussion)이었다. 즉 이 부정적 토론은 일반적으로 받아들여진 의견의 평범한 말을 단순히 채택했던 사람에게 자신이 주제

---

[42] 소크라테스의 변증법은 상대방의 주장을 논박해 무지(無知)를 깨닫게 만드는 논파술(論破術)과, 그런 다음 주어진 영혼을 활용해 진리를 기억해내는 산파술(産婆術) 모두 문답을 통해 이루어지는 '문답법'이다.

를 이해하지 못했다는 사실, 자신이 신봉하는 교리에 어떤 명백한 의미도 아직 부여하지 못했다는 사실을 납득시키고, 또한 자신의 무지를 깨달아 교리의 의미와 그 증거를 분명히 파악한 데 기초해 확고한 믿음을 획득하도록 이끌 수 있는 목적을 완전히 능숙한 기술(技術)로 달성하는 것이었다.

이와 유사한 목적을 가진 중세의 학교 토론들(school disputations)은 학생이 자신의 의견과 (필연적으로 연관된) 반대의견을 이해하며, 자신의 의견의 근거를 강화하고 반대의견의 근거를 논박할 수 있다는 점을 확인시켜 주고자 했다. [그런데] 방금 언급한 이 논쟁들(contests)은 그 전제를 이성(reason)이 아니라 권위(authority)로부터 이끌어와 호소하기 때문에 정말 구제할 수 없는 결함을 지녔다. 또한 정신을 훈련하는 방법으로는 '소크라테스 학파(Socratici viri)'의 지성을 형성했던 강력한 변증법에 비해 모든 점에서 열등한 것이었다. 하지만 현대의 정신은 이 두 가지 방법이 일반적으로 기꺼이 인정하는 것보다 훨씬 많은 영향을 받고 있으며, 현재의 교육방식은 이 두 가지 방법 가운데 어떤 것이 제공했던 유리한 점을 조금도 포함하지 않는다. 자신의 모든 교훈을 교사들이나 책에서 이끌어내는 사람은, 비록 주입식 교육에 만족하려는 끈질긴 유혹에서 벗어나더라도, 찬성과 반대 양측 모두를 경청하도록 강요받는 것은 아니다. 따라서 사상가들조차도 양측 모두를 아는 것은 매우 드문 일이다. 그래서 모든 사람이 자신의 의견을 변호하려고 말하는 것 가운데 가장 취약한 부분은 그가 반대론자에 대한 답변으로 말하려고 의도하는 것이다.

긍정적 진리를 확립하지 않고 [어떤] 이론에서 약점이나 실제에서 오류를 지적하는 부정적 논리를 경멸하는 것이 오늘날의 유행이다. 이러한 부정적 비판(negative criticism)은 궁극적 결과로는 실로 매우 빈약하지만, 어떤 긍정적 지식 혹은 명실상부한 확신을 획득하는 수단으로서는 매우 높은 가치를 지닌다. 그래서 사람들이 다시 이 부정적 비판을 체계적으로 훈련받을 때까지, 수학이나 물리학을 제외한 어떤 사색(speculation)의 영역에서도 위대한 사상가들은 거의 배출되지 않을 것이고, 지성의 일반적 수준도 낮을 것이다. [수학이나 물리학을 제외한] 어떤 다른 주제에서 다른 사람들에 의해 강제되거나 반대론자들과 활발한 논쟁을 수행하는 데 요구되는 동일한 정신적 과정을 스스로 겪지 않는 한, 누구의 의견도 지식이라는 이름에 걸맞지 않는다.

그러므로 부정적 비판의 정신적 과정이 없을 때 부정

적 비판을 창조하는 것은 매우 필수 불가결하지만 매우
어려운 일인데, [하물며] 부정적 비판이 자발적으로 제시
되고 있을 때 이 부정적 비판을 무시하는 것은 얼마나 어
리석은 일인가! 만약 일반적으로 받아들여진 의견에 이
의를 제기하거나 법률이나 여론이 허용할 경우 이의를
제기할 사람이 있다면, 우리는 이에 대해 그에게 감사를
표하고 마음을 열어 그의 의견에 귀를 기울이자. 그리고
만약 우리가 확신한 것의 확실성이나 생명력을 존경한다
면, 우리가 그가 없었다면 우리 자신을 위해 대단한 노력
을 기울여 수행해야 할 일을 우리를 위해 대신 수행한 사
람이 있다는 사실에 기뻐하자.

의견의 다양성을 유익하게 만들고, 또 인류가 현재로는
예상할 수 없을 정도로 먼 지성적 발전단계에 들어설 때
까지 계속 유익하게 만들어주는 주된 이유 가운데 이야
기할 한 가지가 여전히 남아 있다. 우리는 이제껏 오직
두 가지 가능성만 고찰해왔다. 즉 하나는 일반적으로 받
아들여진 의견이 거짓이고 결과적으로 다른 어떤 의견이
참인 경우이고, 다른 하나는 일반적으로 받아들여진 의견
이 참이지만 반대편의 오류와 논쟁[대립]하는 것이 그 진
리성을 명백하게 파악하며 깊이 느끼는 데 필수적인 경

우이다.

그러나 이 가운데 어떤 경우보다 더 일상적인 경우가 있다. 즉 서로 대립하는 교리들이 하나는 참이고 다른 하나는 거짓이 아니라 서로 진리를 공유하며, 일반적으로 받아들여진 교리가 오직 그 일부만을 구현하는 진리의 나머지 부분을 보충하기 위해 일치하지 않는 의견이 필요한 경우이다. 감각에 뚜렷하게 알려지지 않은 주제에 관해 일반적 의견은 종종 참이지만, 간혹 혹은 결코 진리 전체가 아니다. 이것은 때에 따라 더 크거나 작은 부분으로, 과장되거나 왜곡되어 그 의견이 수반되거나 제한되어야만 할 진리로부터 단절된 것으로, 진리의 한 부분일 뿐이다. 다른 한편 이단적 의견들은 일반적으로 억압되고 무시된 진리의 일부이며, 이것들을 억압하는 속박을 타파하고, 통상적 의견 속에 포함된 진리와 화해를 추구하거나 적들로서 통상적 의견에 맞서 이와 유사한 배타성을 띠고 스스로를 전체적 진리로 설정하기도 한다. 인간의 정신에서 일면성(one-sidedness)은 항상 규칙이었고 다면성(many-sidedness)은 예외였듯이, 이제까지는 후자(後者)가 가장 빈번한 경우이다.

그래서 의견이 급변할 때조차 진리(truth)의 어떤 부분이 떠오르는 동안 통상적으로 다른 부분은 기울어진다.

심지어 진리의 다른 부분이 첨부되어야 할 진보(progress)
도 대부분은 부분적이며 불완전한 어떤 진리를 다른 진
리로 대체하는 것에 불과하다. 또한 개선(improvement)
은 주로 진리의 새로운 단편(斷片)이 대체되는 것보다 시
대의 필요에 더 많이 요구되고 더 잘 적응되는 것으로 이
루어진다.43) 세상에 널리 퍼져 있는 의견이 참된 기초에
근거할 때조차 이러한 부분적 성격을 지니기 때문에, 일
상적 의견이 빠뜨린 진리를 일정 부분 구현하는 모든 의
견은, 비록 진리에 혼합될지도 모를 오류와 혼란이 아무
리 많더라도, 귀중한 것으로 간주되어야만 한다. 인간의
문제(human affairs)를 냉정하게 판단하는 누구도, 우리
가 그렇지 않으면 간과했을지도 모를 진리에 주목하도록
강요한 사람이 우리가 알고 있는 어떤 진리를 간과했기
때문에 분개해야 할 일이라고 느끼지는 않을 것이다. 오
히려 그는 대중적 진리가 일면적인 한, 대중적이지 않은
진리를 일면적으로 주장하는 사람을 갖는 편이 그렇지 못
한 편보다 바람직하다고 생각할 것이다. 왜냐하면 마치 대
중적 진리가 전체인 것처럼 주장하는 단편적 지혜(wisdom)

---

43) 이러한 입장은 경험적 상식을 존중하고 대화와 타협을 통해 문제를
　　해결해가는 영국의 전통에 따라 사회의 발전을 점진적으로 개혁
　　(evolution)하려는 공리주의의 방법적 특성을 드러내준다. 이것은 그
　　렇지 못한 문화전통 아래 형성된 유럽 대륙의 마르크스주의가 급진
　　적으로 혁명(revolution)하려는 시도와 확연히 대조를 이룬다.

에 마지못해 주의를 기울이도록 강제하는 데는 그러한 사람이 일상적으로 가장 정열적이고 가장 그럴 수 있기 때문이다.

그래서 18세기에 교육을 받은 거의 모든 사람과 이들이 지도한 교육을 받지 못한 모든 사람은 소위 문명(civilization)을 열렬히 찬미했고, 근대의 과학, 문학, 철학을 극도로 찬미했으며, 근대인과 고대인의 차이를 과대평가하면서 그 차이의 전부가 그들의 우월성을 나타낸다는 믿음을 실컷 즐겼다. 그 한가운데 루소(J. J. Rousseau)의 역설(逆說)44)이 매우 유익한 충격으로 폭탄처럼 터져, 일면적 의견으로 밀집된 집단을 붕괴시키고, 일면적 의견의 요소들을 더 나은 형태로 또 추가할 내용들과 재결합하도록 강제했다. 그 당시의 의견들은 전체적으로 루소의 의견보다 진리에서 멀리 떨어진 것이 아니었고, 정반대로 진리에 보다 가까웠다. 그 당시의 의견들은 긍정적 진리는 더

---

44) 루소(1712~1778)는 『학문과 예술론』(*Discours sur les sciences et les arts*, 1750)에서 르네상스의 예술과 학문의 부흥이 인류의 도덕에 기여하기보다 오히려 타락시켰으므로 순수한 감정의 자유로운 '자연으로 돌아가라!'고 강조했다. 또한 『인간 불평등 기원론』(*Discours sur l'origine de l'inégalité*, 1755)에서 자연조건 이외에 사유재산의 부조리한 사회조건을 분석해 마르크스의 자본주의 비판에 영향을 주었고, 『사회계약론』(*Contrat social*, 1762)에서 국가의 정당한 지배권은 개인들의 자연권과 일반의지에 근거해 자유로운 합의에 있다고 파악했으며, 『에밀』(*Émile*, 1762)에서 아동중심적 진보주의 교육의 물꼬를 텄다.

많이, 그리고 오류는 훨씬 덜 포함하고 있었다.

그럼에도 불구하고 루소의 교리에는 대중적 의견에 부족한 진리가 상당히 있었고 그의 교리와 함께 의견의 흐름을 타고 전파되었는데, 이것은 [마치] 홍수가 일어난 뒤에 남긴 침전물이었다. 삶의 단순함이 지닌 우월한 가치, 인위적 사회의 속박과 위선이 무기력하게 만들고 혼란에 빠트리게 만든 효과는 루소가 책을 쓴 이래 계몽된 사람의 정신에서 완전히 지워진 적이 없는 생각이다. 그리고 이러한 생각은, 이전과 마찬가지로 지금도 주장될 필요가 있고, 이 주제에 관한 말이 거의 그 힘을 다했기 때문에 특히 행동으로 주장될 필요가 있지만, 때가 되면 당연한 효력을 발휘할 것이다.

게다가 정치에서도 질서나 안정을 추구하는 [보수]정당과 진보나 개혁을 지향하는 [진보]정당 모두 정치생활의 건강한 상태를 유지하는 데 필수요소라는 것은 거의 상식이다. 이것은 이 가운데 한 정당이 정신적 포용력을 확대해서 질서와 진보를 동등하게 추구하는 정당이 되어 보존하기에 적합한 것과 폐기해야만 할 것을 구별해 인식할 때까지 그렇다. 각각의 사고방식은 그 유용성을 상대방의 부족함에서 이끌어내지만, 이성과 온전한 정신의 한계 안에서 각자가 스스로를 유지하는 것도 주로 상대방의 반대를 통해서이다. 만약 민주정치와 귀족정치, [사유]재산과 평등, 협동과 경쟁, 사치와 절제, 사회성과 개체성, 자유와 규율 그리고 실생활에서 지속적으로 벌어지는 다른 모든 대립을 지지하는 의견이 동등한 자유로 표현되고 동등한 재능과 에너지로 시행되고 변호되지 않는다면, 두 요소 모두 자신의 몫을 획득할 기회는 없다. 저울의 한쪽이 올라가면, 확실히 다른 쪽은 내려갈 것이다.

삶의 중요한 실제적 관심사에서 진리는 대개 반대의 의견을 조화시키고 결합시키는 문제나 관대하고 공평한 정신으로 [이것을] 정확하게 조정하는 사람은 매우 드물다. 따라서 그와 같이 조정하는 일은 적대적인 기치(旗幟) 아래 싸우는 전사들의 거친 투쟁과정을 통해 이루어질 수밖에 없다. 만약 방금 열거한 해결되지 않은 중요한 어떤 문제에서 두 의견 가운데 어떤 것이 다른 것보다 관용될 뿐만 아니라 고무되고 격려되어야 한다고 주장할 수 있는 의견이 있다면, 그것은 곧 특정한 시점 특정한 장소에서 어떤 소수(a minority)에게 일어나는 의견이다. 이것은 일시적으로 무시된 이익, 즉 자신의 몫을 획득하지 못할 위험에 처한 인류 복지의 측면을 대변하는 의견이다.

나는 영국에서는 대부분의 이러한 논제들(topics)에서 의견의 차이가 관용되지 않는 경우가 없다고 알고 있다.

이 논제들은 인간의 지성이 현존하는 상태에서 진리의 모든 측면을 공정하게 다룰 기회는 오직 의견의 다양성을 통해서만 가능하다는 보편적 사실을 인정된 복합적 사례로 제시하려고 인용되었다. 어떤 주제에 대해 세상 사람들이 명백하게 만장일치를 하는 데 예외인 사람들이 발견될 때, 비록 세상 사람들이 옳다고 하더라도, 반대자들이 자신들을 위해 하는 말에 경청할 가치는 있고, 그들이 침묵하게 될 때 진리가 상실될 수도 있다는 사실은 언제든지 가능한 일이다.

[이에 대해] 다음과 같이 반박할지도 모른다.

그러나 '어떤' 공인된 원리들, 특히 최고의 가장 중요한 주제들에 관한 원리들은 반쪽 진리(half-truths) 이상의 것이다. 예를 들어 그리스도교의 도덕(morality)은 그 주제에 관한 전체적 진리이며, 만약 누군가 이와 다른 도덕을 가르친다면, 그는 전적으로 잘못을 저지르는 것이다.

이것은 모든 경우 가운데 실제로 가장 중요하므로, 어떤 경우도 일반적 격률을 시험해보는 데 더 적합할 수는 없다. 하지만 무엇이 그리스도교의 도덕인지 아닌지를 단정하기에 앞서, 그리스도교의 도덕이 무엇을 의미하는지를 결정하는 것이 바람직할 것이다. 만약 그것이 『신약성서』의 도덕을 의미한다면, 나는 그리스도교의 도덕에 관한 지식을 그 책 자체에서 이끌어내는 어떤 사람도 그것이 도덕에 관한 완전한 교리로서 공표되었거나 의도되었다고 과연 가정할 수 있는지 의심스럽다. 복음서(Gospel)는 항상 기존의 도덕에 대해 언급하고 있고, 기존의 도덕이 더 폭넓고 고상한 도덕에 의해 교정되거나 대체되어야 할 세부사항에 그 교훈을 제한하고 있다. 더구나 복음서는 가장 일반적인 용어로 표현되어 있기 때문에 종종 문자 그대로 해석하는 것이 불가능하며, 법률의 정확성보다 시(詩)나 웅변(雄辯)의 인상 깊은 감명을 지니고 있다.

[그래서] 『신약성서』에서 윤리적 교리의 줄기를 추출해내는 것은, 실제로 정교하지만 많은 점에서 야만적이며 또 오직 야만인을 위해 의도된 『구약성서』에서 부족한 부분을 보충하지 않고는, 전혀 불가능하다. 유대교의 방식으로 그리스도의 교리를 해석하고 그리스도의 구상을 보충하려는 데 적대감을 선언한 사도 바울도 마찬가지로 기존의 도덕, 즉 그리스와 로마의 도덕을 전제한다. 그리고 그리스도 교인에 대한 그의 충고는 심지어 노예제도를 명백히 지지할 정도로 그리스와 로마의 도덕을 전폭적으로 수용하는 체계를 이루고 있다. 오히려 신학적 도

덕이라고 해야 할 이른바 그리스도교의 도덕은 그리스도나 그 사도들이 만든 것이 아니라 훨씬 후세에 기원이 있는 것으로, 처음 5세기 동안 가톨릭교회에 의해 점차 형성되었으며, 비록 근대인과 개신교도가 절대적으로 채택하지는 않았지만, 이들이 수정한 것은 [우리가] 기대하는 수준에 훨씬 미치지 못한 것이었다. 실제로 대부분 근대인과 개신교도는 중세에 그리스도교의 도덕에 추가된 것을 제거하고 그 자리에 각 종파(宗派)가 그 자신의 특성과 성향들에 적응시켜 새롭게 추가한 것을 제공하는 데 스스로 만족했다.

나는 인류가 이 도덕과 그 최초의 교사[사도]들에게 엄청난 빚을 지고 있다는 사실을 부정하려는 것이 결코 아니다. 그러나 내가 감히 말하려는 것은, 그리스도교의 도덕이 많은 중요한 점에서 불완전하며 일면적이라는 점, 만약 이 도덕에 의해 공인받지 못한 사상과 감정이 유럽인의 삶과 성격을 형성하는 데 기여하지 않았다면, 인간의 생활은 지금보다 더 열악한 조건에 처했을 것이라는 점이다. 그리스도교의 도덕은 (이른바) 어떤 반동(a reaction)의 성격을 모두 갖고 있으며, 그것은 대부분 이교도에 대한 항의(a protest)이다. 그 이상(理想)은 긍정적인 것보다 부정적인 것이며, 능동적인 것보다 수동적인 것이고, 고귀한 것보다 결백한 것이며, 선(善)을 정열적으로 추구하는 것보다 악(惡)[의 유혹]으로부터 자제하는 것이고, 그 가르침에서 (잘 말해 왔듯이) "무엇을 하라(thou shalt)"보다 "무엇을 하지 말라(thou shalt not)"가 부적절하게도 압도적이었다. 그리스도교의 도덕은 육체적 욕망이 두려워 금욕주의(禁慾主義)라는 우상(idol)을 만들어냈고, 이것은 점차 율법주의(律法主義)라는 우상으로 전락하게 되었다. [그래서] 이 도덕은 덕(德)이 높은 삶에 지정된 적절한 동기부여로서 천국의 희망과 지옥의 위협을 제시한다.

그리스도교의 도덕은 이렇게 전락함으로써 고대인의 숭고한 도덕에 훨씬 못 미치게 되고, 이기주의적 동기가 동포의 이익을 고려하는 경우를 제외하면, 각자의 의무감과 그의 동포의 이익을 분리시킴으로써 인간의 도덕에 본질적으로 이기적 특성을 부여했다. 이것은 본질적으로 수동적인 복종(服從)의 교리이며, 기존의 모든 권위에 대한 순종(順從)을 종용한다. 물론 기존의 권위가 종교가 금지하는 것을 명령할 때는 실제로 누구도 능동적으로 복종할 필요가 없지만, 우리 자신에 대한 해악이 아무리 크다고 하더라도 그 권위에 저항할 수도 없고, 더구나 그 권위에 대해 결코 반란을 일으킬 수는 없다.

그리고 최상의 이교도 국가들의 도덕(morality)에서는 국가에 대한 의무가 개인의 정당한 자유를 침해할 정도로 과도한 비중을 차지하는 반면, 순수한 그리스도교의 윤리(ethics)에서는 이 엄숙한 의무의 항목이 거의 주목되지도 인식되지도 않는다. 우리가 "어떤 사람을 어떤 관직에 임명하려는 통치자는, 자신의 영토에 더 적합한 다른 사람이 있을 경우 신에 대해 또 국가에 대해 죄를 짓는 것이다"라는 격률을 읽게 되는 것은 『신약성서』가 아니라 『코란』이다. 현대의 도덕에서 대중에 대한 의무라는 사상을 조금이라도 인지하게 되는 것은 그 원천이 그리스도교가 아니라 그리스와 로마에서 유래한 것이다. 마찬가지로 개인생활의 도덕에서도 관대함, 고결함, 개인적 위엄, 심지어 자존심 등 모든 것은 우리 교육의 종교적 부분이 아니라 순전히 인간적 부분에서 유래한 것으로, 공공연하게 복종만을 유일한 가치로 인정하는 [그리스도교의] 윤리기준으로부터는 결코 생길 수 없다.

나는 이와 같은 결점들이 어떤 방식으로든 그리스도교의 윤리 속에 내재해 있다거나, 완전한 도덕교리의 요구사항 가운데 이것에 포함되지 않은 많은 것들은 그리스도교의 윤리와 조화를 이루도록 허용하지 않는다고 가장(假裝)할 생각은 전혀 없다. 더구나 그리스도 자신의 교리와 가르침에서 이러한 것을 암시할 의사도 전혀 없다. 나는 다음과 같이 믿는다.

내가 그리스도의 말씀이 의도하고자 했던 것을 밝힐 증거를 볼 수 있는 것은 그 말씀뿐이다. 그리스도의 말씀은 포괄적인 도덕이 요구하는 어떤 것과도 조화를 이룰 수 있다. 윤리에서 탁월한 모든 것은 그리스도의 말씀 속에서 성취될 수 있고, 이렇게 하는 것이 그 말씀으로부터 어떤 실천적 행위의 체계를 도출하려고 시도했던 모든 사람이 그 말씀의 언어에 가한 왜곡보다 훨씬 적을 것이다.

하지만 내가 이렇게 믿는 것과 다음과 같이 믿는 것은 전혀 모순되지 않는다.

그리스도의 말씀은 진리의 일부만 포함되었고, 진리의 일부만 포함되도록 의도되었다. 최고도덕의 많은 본질적 요소들이 그리스도교 창시자의 기록된 진술로 제공되지 않았고, 또 제공되도록 의도되지도 않았으며, 오히려 그 진술들에 기초해 그리스도교 교회가 제정한 윤리의 체계 속에서 그 본질적 요소들은 전적으로 내던져 버려졌다.

이러한 이유로 그 저재[그리스도]가 인정하고 실행하려

고 의도했지만 오직 부분적으로만 제공하려고 의도했던 우리를 지도할 완전한 규범을 그리스도교의 교리 속에서 발견하려고 고집스레 노력하는 것은 큰 잘못이라고 나는 생각한다. 또한 이러한 편협한 이론은 실제로 중대한 해악을 끼치게 되고, 수많은 선의(善意)의 사람들이 오늘날 진흥시키려고 힘껏 애쓰는 도덕적 훈련과 교육을 크게 손상시키게 된다고 나는 믿는다. [그래서] 나는 다음과 같은 것을 크게 두려워한다.

정신과 감정을 오직 종교적 유형에 따라 형성하려고 시도함으로써, 또한 이제까지 그리스도교의 윤리와 공존해 보완해왔고 그 정신의 일부를 받아들이는 한편 이것을 자신의 윤리에 주입해왔던 세속적 기준들(더 좋은 명칭이 없기에 그것들은 이렇게 불린다)을 폐기함으로써, 최고의지(Supreme Will)로 여긴 것에는 복종해도 최고선(Supreme Goodness)의 관념 속으로 상승하거나 공감할 수 없는 천하고 비열하며 노예근성을 지닌 인간이 나타날 것이고, [어떤 면에서는] 벌써부터 나타나고 있다.

오직 그리스도교의 원천으로부터만 발전될 수 있는 윤리 이외에 다른 윤리도 인류의 도덕적 재생(moral regeneration)을 산출하기 위해 그리스도교의 윤리와 나란히 존재해야

만 하며, 인간 정신이 불완전한 상태에서 진리를 위해서
는 의견의 다양성이 필요하다는 규칙에 대해 그리스도교
의 체계도 예외가 아니라는 사실을 나는 굳게 믿는다.

그리스도교에 포함되지 않는 도덕적 진리를 무시하기
를 중단한다고 그리스도교가 포함하는 도덕적 진리를 무
시할 필요는 없다. 이러한 편견 혹은 부주의한 실수가 발
생하면, 전체적으로 하나의 해악이지만, 우리가 항상 모
면할 것이라고 기대할 수 없는 해악이며, 또한 매우 엄청
난 선(善)을 위해 지불된 대가로 간주되어야만 할 해악이
다. 진리의 한 부분이 전체라고 배타적으로 자처하는 것
은 이의가 제기되어야만 하고 당연히 그래야만 한다. 그
런데 만약 반동적 충동이 이번에는 이의를 제기하는 자
가 불공정한 행동을 하게 만든다면, 이 일면성은 상대방
의 일면성과 마찬가지로 개탄할 만한 일이지만 관용되어
야만 한다. 만약 그리스도 교인이 이교도에게 그리스도교
를 공정하게 다루도록 가르치려면, 그리스도교인 스스로
이교도를 공정하게 다루어야만 한다. 가장 고귀하고 가치
있는 도덕적 가르침의 많은 부분이 그리스도교의 신앙을
몰랐던 사람들뿐만 아니라 알고도 거부했던 사람들의 업
적이었다는 사실에 대해, 문예사(文藝史)에 대한 지극히
평범한 지식을 가진 모든 사람에게 알려진 이 사실에 대

해 눈을 감는 것은 결코 진리에 복종하는 것이 아니다.

나는 모든 가능한 의견을 발표할 자유를 지극히 무제한으로 누리면 종교적 혹은 철학적 분파주의의 해악에 종지부를 찍을 수 있다고 가장해서 주장하는 것은 아니다. 편협한 포용력을 지닌 사람이 진지하게 주장하는 모든 진리는, 마치 세상에는 다른 어떤 진리도 존재하지 않는 것처럼 혹은 여하튼 자신의 진리를 제한하거나 수정할 다른 진리가 존재하지 않는 것처럼, 확실하게 주장되고 가르쳐지며 심지어 많은 방식으로 실행되기도 한다. 나는 모든 의견이 분파적인 것으로 되는 경향은 가장 자유로운 토론에 의해서도 치유되지 않으며, 오히려 이와 같은 토론에 의해 종종 증대되고 악화된다는 사실과, 당연히 알려졌어야 하지만 알려지지 않았던 진리가 반대자로 간주된 사람이 발표했기 때문에 더욱 격렬하게 거부되었다는 사실을 인정한다.

그러나 이러한 의견의 충돌에서 유익한 결과를 얻는 쪽은 열렬한 당파주의자가 아니라, 이들보다 더 침착하며 더 냉정한 방관자이다. 가공할 만한 해악은 진리의 부분들이 벌이는 격렬한 투쟁이 아니라, 진리의 반쪽에 대한 은밀한 억압이다. 양쪽의 의견을 모두 경청하도록 강제될 때는 언제나 희망이 있으나, 오류(errors)가 편견(prejudices)

으로 굳어지고 진리(truth) 자체가 허위(falsehood)로 과장됨으로써 진리의 효과를 상실하게 되는 것은 바로 어느 한쪽의 의견에만 주의를 기울이는 때이다. 그리고 어떤 문제의 두 가지 측면 가운데 어느 한쪽만을 대변자가 제시하는 경우, 그 문제의 양쪽 사이에 앉아 총명한 판단을 내릴 수 있는 공정한 능력만큼 더 희귀한 정신적 속성은 없다. 따라서 진리는 진리의 모든 측면, 즉 진리의 어떤 단편을 구현하는 모든 의견이 대변자를 발견할 뿐만 아니라 경청될 수 있을 정도로 옹호되는 것에 비례해서만 [진리로서 인정될] 기회를 갖는다.

이제 우리는 의견(opinion)의 자유와 의견을 표현할(expres-sion of opinion) 자유가 네 가지 명백한 근거에서 인류의 정신적 복지(다른 모든 복지는 이에 의존한다)에 필수적이라는 사실을 인식하게 되었다. 이제 이 근거를 간단히 요약해보자.

첫째, 만약 어떤 의견이 침묵을 강요받는다면, 적어도 우리가 확실하게 알 수는 없지만, 그 의견은 아마 참일 것이다. 이것을 부정하는 것은 우리 자신의 무오류성(infallibility)을 가정하는 것이다.

둘째, 비록 침묵된 의견이 오류라도 진리의 일부를 포

함할지 모르며, 또 거의 대부분은 포함하고 있다. 그리고 어떤 주제에 관한 일반적이거나 유력한 의견은 전체적 진리가 거의 혹은 전혀 아니기 때문에, 진리의 나머지 부분이 제공될 기회는 오직 반대의견들과의 충돌에 의해서뿐이다.

셋째, 비록 일반적으로 받아들여지는 의견이 참일 뿐만 아니라 전체적 진리라고 하더라도, 만약 그 의견이 활발하고 진지하게 논쟁되도록 허용되지 않거나 실제로 논쟁되지 않는다면, 그 의견을 받아들이는 대부분의 사람들은 그 합리적 근거를 거의 파악하지 못하거나 느끼지도 못한 채 그 의견을 어떤 편견의 형태로 지지할 것이다.

넷째, 그 밖에도 [자유로운 토론이 없다면] 교리 자체의 의미는 상실되거나 약화되어 품성(character)과 행위(conduct)에 대한 교리의 생생한 효력이 박탈될 위험에 처할 것이다. 즉 교설(敎說)은 선(善)에 아무 효과도 없는 단순한 형식적 선언이 되고, 이성이나 개인적 경험에서 어떤 실질적이고 감동적인 확신이 생기는 것을 저지하고 또 그 근거를 봉쇄한다.

의견의 자유라는 주제를 끝맺기 전에, 모든 의견의 자유로운 표현은 그 방식이 온건하며 공정한 토론의 범위를 벗어나지 않는 조건 아래에서 허용되어야 한다고 말하는 사람들에게 몇 가지 주목할 필요가 있다. 이렇게 제안된 토론의 범위가 어디까지인지를 결정하는 것은 불가능하다는 많은 논의들이 있을 수 있다. 왜냐하면 만약 그 범위에 대한 심사기준이 자신의 의견이 공격받은 사람들이 당한 모욕이라면, 그 공격이 유효하고 강력할 때는 언제나 이와 같은 모욕이 주어진다는 사실과, 그를 강력하게 궁지로 몰아 답변하기 어려울 정도로 추궁하는 반대자는 모두, [그 사람들이] 그 주제에 대해 어떤 강력한 감정을 나타낼 때는, 반드시 그 사람들에게 난폭한 반대자로 보일 수밖에 없다는 사실이 경험으로 증명된다고 나는 생각하기 때문이다.

그러나 이것은, 비록 실제적 관점에서는 중요한 고려사항이라 하더라도, 더 근본적인 반대론 속에 흡수된다. 확실히 어떤 의견을 주장하는 태도가, 비록 참된 의견이라 하더라도, 매우 불쾌할 수 있기 때문에 통렬한 비난을 받는 것이 당연할 수 있다. 하지만 이러한 종류의 주된 모욕은, 우연히 자신을 폭로하지 않고는, 충분한 설득력을 지니기가 거의 불가능하다. 그 가운데 가장 심각한 것은 궤변으로 논의하고, 사실이나 논증을 은폐하며, 사례의 요소를 거짓으로 진술하거나 반대의견을 왜곡하는 것이다. 그렇지만 양심적으로 그 반대의견을 왜곡하는 것을 도덕적으로 비난받을 짓이라고 낙인찍는 것은 거의 불가능하다. 이 모든 것은 충분한 근거를 갖추고 있다. 그것은 무지하거나 무능하다고 간주되지 않는 또 다른 많은 관점에서 그렇게 간주되는 것이 부당한 사람에 의해, 부단히 그리고 완벽하게 훌륭한 성실성을 바탕으로 극도로 험악한 정도로까지 계속 수행되어 왔기 때문이다. 하물며 법률이 논쟁에서 벌어지는 이러한 종류의 부정한 행위에 제재를 가한다고 추정하는 것은 더욱 불가능하다.

일상적으로 난폭한 토론이 의미하는 것, 즉 욕설, 야유, 인신공격 등은, 만약 이러한 무기들이 양쪽 모두에게 동등하게 금지되도록 제안된다면, 그 무기들에 대한 비난은 더 많은 공감을 얻을 것이다. 하지만 그 비난은 유력한 의견에 반대하는 사람들이 그러한 무기들을 사용하는 것만 억제하는 데 요구된다. 유력하지 않은 의견에 반대해 그 무기들은 일반적으로 비난받지 않고 사용될 수 있을 뿐만 아니라, 이 무기들을 사용하는 사람이 성실한 열정(熱情)과 정당한 의분(義憤)을 느낀 사람으로서 칭송받을 것이다. 그런데 그러한 무기들을 사용해서 발생하는 폐해가 무엇이든, 그 무기들이 상대적으로 방어할 수 없는 사람들에게 사용될 때 폐해가 가장 크다. 그리고 이와 같은 형태로 자기들의 의견을 주장함으로써 얻을 수 있는 부당한 이익이 무엇이든, 이것은 일반적으로 받아들여진 의견으로 거의 전적으로 귀속된다. 논쟁에서 저질러질 수 있는 이러한 종류의 가장 험악한 모욕은 반대의견을 주장하는 사람들을 사악하고 부도덕한 사람으로 낙인찍는 것이다.

[그런데] 인기 없는 의견을 주장하는 사람들은 특히 이러한 종류의 비방에 잘 노출된다. 왜냐하면 이들은 일반적으로 소수이고, 영향력이 없으며, 이들 이외에는 아무도 이들에게 정의(Justice)가 실행되는 일을 지켜보는 데 커다란 관심을 갖지 않기 때문이다. 그러나 이러한 무기는 문제의 본성상 유력한 의견을 공격하는 사람들에게는 [사용이] 거부된다. 인기 없는 의견을 주장하는 사람들은 자신의 안전을 도모하면서 그 무기를 사용할 수 없고, 만약 사용할 수 있더라도, 그 무기는 자신들의 논점에 반동으로 되돌아와 사용될 것이다. 일반적으로 흔히 받아들여진 의견에 반대되는 의견은 언어를 온건하게 사용하도록 연구하고 불필요한 모욕을 극도로 신중하게 피함으로써만 발언권을 획득할 수 있으나, 여기에서 조금이라도 벗어나게 되면 거의 예외 없이 그러한 의견의 근거를 상실하게 된다. 반면 유력한 의견 쪽에서 사용하는 지나친 비

난은 실제로 사람들이 반대의견들을 공표하지 못하게 하고, 반대의견들을 공표하는 사람에게 귀를 기울이지 못하게 한다.

그러므로 진리와 정의의 이익을 위해서는 비난하는 언어를 [소수의] 인기 없는 의견에 사용하지 않도록 억제하는 것이 [다수의] 유력한 의견에 사용하지 않도록 억제하는 것보다 훨씬 더 중요하다. 그리고 예를 들어 만약 양자택일을 할 필요가 있다면, 정통적 종교보다 이교도에 대해 모욕적 공격을 그치게 하는 것이 훨씬 더 필요하다. 어쨌든 법률과 권위는 이 가운데 어떤 것을 억제하는 일과 관련이 없는 반면, 여론은 모든 사례에서 개별적 경우의 상황에 따라 판결을 내려야만 하는 것은 명백하다. 즉 여론은, 어느 쪽의 논의에 가담하든, 옹호하는 양상에 공정성이 없거나, 악의가 있거나, 편협하거나, 감정에 관용이 없는 것을 표명하는 모든 사람을 책망해야 한다.

그러나 비록 어떤 사람이 취한 입장이 어떤 문제에 관해 우리 자신의 입장과 반대가 되더라도, 이러한 악폐(vices)가 그의 입장으로부터 도출되는 것은 아니다. 그리고 그가 어떤 의견을 주장하든, 자신의 반대자들이 누구이며 그 의견들이 실제로 무엇인지를 냉정하게 지켜보며 정직하게 진술하는 사람, 반대자들에게 불리하게 과장하거나 반대자들에게 유리하게 말하거나 말할 수 있다고 추정될 수 있는 것을 은폐하지 않는 사람은 당연히 [그에 상응하는] 명예를 부여해야만 한다. 바로 이것이 공개적 토론(public discussion)의 진정한 도덕성(real morality)이다. 그리고 비록 이러한 도덕성이 종종 침해되더라도, 나는 이 도덕성을 대단한 정도로 준수하는 많은 토론자들이 있고, 더 많은 사람들이 이 도덕성을 향해 양심적으로 노력하고 있다는 사실을 생각할 때 행복하다.

1. 어떤 사람의 의견이 표현되지 않게 침묵시키면 인류 전체의 기본권을 강탈하게 된다고 한다. 왜 그러한지 그 의견이 참일 경우와 거짓일 경우로 나누어 생각해보자.

2. 인간이 자신의 실수를 깨닫고 정정할 수 있는 방법에는 토론과 경험이 있다고 한다. 왜 그러한지 각기 구체적인 예를 들어 생각해보자.

3. 인간이 자신의 판단을 신뢰할 수 있는 것은 그 판단이 틀렸을 때 올바로 교정할 수 있는 수단을 계속 확보하고 있을 경우뿐이라 한다. 이러한 수단을 확보하기 위해 필요한 것에 무엇이 있는지 생각해보자.

4. 소크라테스는 젊은이들과 대화(문답), 즉 토론을 통해 '젊은이들을 타락시킨다', '국가가 공인한 신들을 믿지 않는다'는 죄목으로 고소되고 처형되었다. 이 두 죄목 사이의 긴밀한 연관을 밝혀 보자.

5. 의견의 자유와 의견을 표현할 자유, 즉 사상의 자유가 인류의 복지에 필수적인 근거 네 가지가 무엇인지 생각해보자.

1. 개인의 자유와 사회의 여론 혹은 권력이 서로 충돌할 때, 개인의 자유는 어디까지 정당화될 수 있으며, 그 근거는 무엇인가?

2. 소크라테스는 '악법도 법이다'라고 명시적으로 말하지 않았지만, '정당하게 합의한 약속은 반드시 지켜야 한다'고 역설했다. 소크라테스와 같은 도덕적 추론이 결과적으로 자신의 이익을 해칠 때, 어떻게 결정해야 옳은가? 그 근거는 무엇인가?

3. 사상과 표현의 자유는 인간의 기본권일 뿐만 아니라 문화 예술의 발전에도 원동력이다. 그러나 자유와 방종, 예술과 외설 등 구분이 명확하지 않다. 그래서 종합적 판단력이나 책임의식이 아직 부족한 어린 청소년에게는 일정한 제한이 필수적이라는 견해도 있다. 이에 대한 자신의 주장을 구체적인 예를 통해 밝혀 보자.

기억해볼 만한 구절

That the sole end for which mankind are warranted, individually or collectively, in interfering with the liberty of action of any of their number, is self-protection.

The only part of the conduct of any one, for which he is amenable to society, is that which concerns others. In the part which merely concerns himself, his independence is, of right, absolute. Over himself, over his own body and mind, the individual is sovereign.

인류가 개인적으로나 집단적으로 구성원 가운데 어떤 사람의 행동의 자유를 침해하는 것이 정당화되는 유일한 목적은 자기방어뿐이다.

어떤 사람의 행위 가운데 사회에 책임을 져야 할 유일한 부분은 다른 사람들과 관련된 부분이다. 단지 자기 자신과 관련된 부분에서 그의 독립성은 당연히 절대적이다. 개인은 자기 자신에 대해, 즉 그 자신의 육체와 정신에 대해 주인이다.

이종훈 ──────────────

이종훈(李宗勳)은 성균관대학교 철학과 동 대학원을 졸업했고, 성균관대학교, 이화여자대학교, 한양대학교, 중앙대학교 등의 강사를 거쳐 현재 춘천교육대학교 윤리교육과 교수로 있다.
지은 책은 『현대의 위기와 생활세계』(1994), 『아빠가 들려주는 철학이야기』 1~3권(1994, 2006), 『현대사회와 윤리』(1999) 등이 있고, 옮긴 책은 『소크라테스 이전과 이후』(1995) 이외에 『시간의식』(1996), 『유럽 학문의 위기와 선험적 현상학』(1997), 『경험과 판단』(1997), 『데카르트적 성찰』(2002), 『순수현상학과 현상학적 철학의 이념들』 제1~3권(2009), 『형식논리학과 선험논리학』(2010), 『언어와 현상학』(1995) 등이 있으며, 논문은 후설 현상학과 어린이철학교육에 관련하여 여러 편이 있다.

자유론

밀의 사상과
토론의 자유
John Stuart Mill

초 판 인 쇄 | 2012년 2월 20일
초 판 발 행 | 2012년 2월 20일

지 은 이 | 이종훈
펴 낸 이 | 채종준
펴 낸 곳 | 한국학술정보㈜
주　　　소 | 경기도 파주시 문발동 파주출판문화정보산업단지 513-5
전　　　화 | 031) 908-3181(대표)
팩　　　스 | 031) 908-3189
홈 페 이 지 | http://ebook.kstudy.com
E - m a i l | 출판사업부　publish@kstudy.com
등　　　록 | 제일산-115호(2000. 6. 19)

ISBN　　978-89-268-3118-2 03160 (Paper Book)
　　　　978-89-268-3119-9 08160 (e-Book)

이담
Books 는 한국학술정보(주)의 지식실용서 브랜드입니다.